A mente e o significado da vida

PEDRO PAULO MONTEIRO

A mente e o significado da vida

GUTENBERG

Capa
Victor Bittow
(sobre foto da Getty Images*)*

Editoração eletrônica
Conrado Esteves

Revisão
Rosemara Dias dos Santos

Monteiro, Pedro Paulo

M775a A mente e o significado da vida / Pedro Paulo Monteiro. — Belo Horizonte : Gutenberg, 2006.

200 p.

ISBN: 85-89239-37-3

1.Mente. 2.Mente e corpo.I.Título.

CDU 130.11
159.9.016.1

2006

Gutenberg/Autêntica Editora

Belo Horizonte
Rua Aimorés, 981, 8º andar – Funcionários
30140-071 – Belo Horizonte – MG
PABX: (55 31) 3222 6819 – Televendas: 0800 2831322
www.autenticaeditora.com.br
e-mail: editora@autenticaeditora.com.br (Geral)
vendas@autenticaeditora.com.br (Vendas)

São Paulo
Rua Visconde de Ouro Preto, 227 – Consolação
01.303-600 – São Paulo/SP – Tel.: (55 11) 3151 2272

As histórias pessoais relatadas neste livro são fruto das experiências em processo terapêutico. Portanto, todos os nomes e detalhes foram modificados para proteger a privacidade das pessoas.

À minha mãe que se fez lua.

Sumário

Prólogo

Os desejos do homem são flechas de luz.
Eles podem explorar os sonhos,
visitar a região das almas, curar doenças,
rechaçar o medo e criar sóis.

Sabedoria indígena norte-americana

Quando eu era criança, costumava criar fantasias para me sentir poderoso. Os meninos tendem a procurar nos mitos e lendas a sua força. Somos fascinados por histórias que se baseiam em aventura, luta do bem contra o mal, e desprendimento. Gostamos de nos ver refletidos no corpo do personagem que alcança a bem-aventurança. Quem não se lembra da famosa frase dita por Ben Kenobi no filme *Guerra nas estrelas*, "que a força esteja com você"?

Lembro-me de brincar de experimentar os meus poderes extra-sensoriais para mover objetos ou obter a invisibilidade. Apesar de nunca ter conseguido, o simples fato de tentar já significava pôr em prática a minha "força". Como os heróis dos filmes da televisão, minha intenção era criar o meu próprio destino. Queria acreditar que o mundo era um campo de atuação de mim mesmo, um mistério que somente cabia a mim desvelar. Entretanto, a "força" da mente dizia respeito somente aos super-heróis. Pelo fato de ter uma visão romântica da vida, minha sensibilidade não tardou a me afetar em vários níveis. Sendo menino, tive uma educação austera, o que exigia ter os "pés no chão". Cansei de escutar que a razão é o mestre detentor do poder. Porém, não conseguia separar razão e emoção, provocando desfechos desagradáveis, o que me enchia de culpa pela teimosia e pela indisciplina.

Tive de caminhar muito para saber que somos indissociáveis. Tive de desaprender conceitos para encontrar no mistério a possibilidade de desenvolvimento.

Se caso soubéssemos o que a vida é, não perscrutaríamos suas nuances. Hoje, tenho certeza de que somos o próprio mistério. Inventamos teorias para sentir segurança, especulamos enigmas para obter significados. Cair na imensidão do mistério e procurar respostas faculta experimentar o tempo que nos resta.

Ao mesmo tempo em que sofremos o conflito do desconhecido, somos instigados a procurar o que ainda não sabemos. Sem o desejo, não há busca; sem busca, não há sentido. O conhecer propicia movimento, experiência, organização. A mente é o cerne, tudo nasce e morre nela. O desafio maior é o autoconhecimento, o *locus* da verdade. Somos levados a nos aproximar da beira do abismo, independentemente de nosso querer, olhar para baixo e nada enxergar. Estaremos cegos até podermos ser iluminados pela luz de nossa própria consciência. A luz da consciência ilumina nossa sabedoria inata. Quando não obtemos respostas, criamos o que nos convém.

Em diversas ocasiões, enxerguei o nada. A meu ver, o nada é tela em branco pronta a ser pintada. O princípio da mente humana é pintar a realidade com pincéis e tintas de nossas escolhas. Durante muito tempo, acreditei que o mundo estava pronto a ser experimentado. Atualmente percebo que somos nós a criar o nosso próprio mundo, e a incerteza é o que nos propicia a criação. Somos co-criadores, e isso nos faz seguir adiante. Cada um tem o seu próprio potencial. Cada personagem tem a sua relevância no palco da existência humana. Inexistem regras para responder aos questionamentos existenciais; o humano é complexo, indecifrável pela linguagem. Nunca saberemos ao certo se a resposta obtida é somente pincelada na tela em branco de nossas mentes.

Desde o início de minha carreira profissional, trabalhando com pessoas acima de 60 anos, sempre questionei: o que somos na travessia do tempo? Qual o significado da vida? Podemos concluir o que propomos para nós? Será que nascemos com uma missão a cumprir?

Sinto-me privilegiado por trabalhar com pessoas mais velhas. Por meio delas, posso pintar melhor a minha velhice. Todos têm dentro de si sua velhice, um tempo próprio circunscrito à história individual. Foram essas velhas pessoas que me fizeram ver através da janela de minha mente e contemplar a circularidade do tempo, compreendendo o processo inexorável do viver/morrer.

Quando escrevi o livro *Envelhecer: histórias, encontros e transformações* (Autêntica, 2001), pretendia liberar um grito o qual me sufocava há anos. Em minha profissão, vivenciei e ainda vivencio o sofrimento de muitos velhos. São diversos desafios a serem enfrentados: parentes intransigentes, discussões familiares sem soluções, exclusão fria, isolamento cruel, submissão desmoralizante, esquecimento fatídico.

Infelizmente, muitos são condicionados a acreditar no envelhecimento como etapa, estação de paragem, quadros de cores pastéis. Meu propósito, ao escrever o livro, foi criar um novo olhar para as pessoas, a fim de capacitálas a ver o envelhecimento como processo sem interrupção, dinâmico e mutável. O movimento da vida permite a experiência de situações sempre diferenciadas. Nunca somos os mesmos. Ser humano é ser indeterminado, sujeito, estranho, desconhecido, inusitado.

Fiquei instigado a sair em campo para experimentar outras nuances de cores. Nunca vi as pessoas mais velhas como identidades sem cor. Pelo contrário, sempre tive a esperança de encontrar nelas pinturas deslumbrantes. Elas poderiam me explicar o *mundo de lá*, que pelo *mundo de cá* eu não era capaz de compreender. Por essa razão, senti-me compelido a entrar em cena como sujeito neste novo livro, pois, em minhas outras obras, escrevi relatos de pessoas em processo terapêutico. Senti a necessidade de conhecer um pouco sobre o *mundo de cá* e trafegar numa aventura nunca antes percorrida por mim: a busca do significado da vida, de minha própria história.

Como terapeuta corporal, sempre acreditei que o corpo humano é o arcabouço vivo da história de cada um, domínio de entendimento diferente do que costumamos aprender nas escolas. O corpo não pode ser dividido em cabeça, tronco e membros. Ele é único; somos um corpo enquanto referência no espaço e na existência. Sem corpo, seríamos somente divagação. Para compreender melhor o corpo, resolvi pesquisar para o livro *Quem somos nós? O enigma do corpo* (Gutenberg, 2004). Como ocorre em todo processo de escrita, um livro, ao ser escrito, toma vida própria. Ao concluilo descobri um outro corpo que até então era desconhecido para mim. Um corpo morto pode ser conhecido e mensurado pela ciência porque não possui a capacidade de transformação. No entanto, o corpo vivo será sempre um enigma. Os antigos indianos afirmavam que toda mensuração pertence ao irreal, denominado *maya*. O corpo vivo é mutável e imensurável, portanto "real". Nunca vamos dormir com o mesmo corpo que acordamos.

Tive a oportunidade de aprender com muitos corpos sofridos e verificar que eles são cenários vivos em processo, mudando conforme os acordos feitos com o meio e com os seus semelhantes. Tudo é possível devido à plasticidade – capacidade de modificar conforme a dança compartilhada com outros corpos.

Escrever é um desafio, e este livro, em especial, foi um dos mais árduos, pois tive dificuldades em finalizá-lo; o término estava sempre distante quando acreditava faltar pouco. A vida é obra permanente enquanto puder ser vivida. E como nesta nova obra resolvi passear por minha própria mente, desvelando fatos até então obscuros para mim, tive de percorrer o caminho de volta, pelos fragmentos de lembranças. Pelo fato de não estar sozinho nesta jornada, porque existe o leitor, decidi ser didático e, para não ser entediante, tive de suprimir grande parte do texto original, sem deixar o livro perder sua força de argumentação e vida própria.

Felizmente o livro foi concebido, e sou grato a minha editora Rejane Dias por sempre acreditar em meus enlevos e apoiar com empolgação os meus projetos. Aproveito também para agradecer a Helena Katz por aceitar o convite para escrever o prefácio. Ela é uma das pessoas mais inteligentes e gentis que conheço. Com ela, a combinação dos símbolos se perfaz em um processo alquímico capaz de acrescentar sempre algo novo no universo e em nossa história individual.

Quero agradecer também a minha mulher que sempre esteve ao meu lado contribuindo com o nosso processo de envelhecer. É um mistério como alguém pode acrescentar tanto em tão pouco tempo. Aprendi a viver a eternidade no momento, e a presença dela está salvaguardada em meu tempo vivido.

Espero que a jornada que se segue possa contribuir para os seus questionamentos individuais. Este é um livro para ser lido e refletido. Refletir é dobrar-se sobre si mesmo, logo é uma postura de humildade. Não há aprendizado sem abertura. Se você sair diferente ao chegar ao final deste livro, a obra conseguiu cumprir a missão, e valeu a pena todo o trabalho empreendido.

Prefácio

Foi o tema do corpo que trouxe Pedro Paulo ao curso que dava naquele semestre, no Programa em Comunicação e Semiótica da PUC-SP. Quando entrei em contato com a pesquisa que realizava, e que resultou na sua dissertação de mestrado (*Envelhecimento: imagem e transformação corporal)* felizmente, transformada em livro, tive a certeza de que trilharia um caminho importante na sua área profissional.

A sensibilidade com que lidava com o corpo de idosos, a afetividade que a sua curiosidade construía, as descobertas que realizava sobre a relação do toque com a produção de imagens, tudo isso projetava um pesquisador sênior no estudante que iniciava, na ocasião, o seu percurso acadêmico. A maneira com que agregava os conhecimentos – com os quais entrava em contato na universidade – às suas práticas como terapeuta do toque primava pela sabedoria de não sobrepor uns às outras. Já se podia antever que a irrigação que aquelas teorias científicas promoviam no seu dia-a-dia construiria um profissional singular.

Lendo seu livro, reencontrei nele, de outra forma, essa ligação entre o saber vindo da bibliografia universitária com outros tipos de saberes – o que me fez constatar ter sido essa, de fato, a orientação que Pedro Paulo imprimiu à sua vida de pesquisador. O que se delineava naqueles primórdios consolidou-se como a característica que guia o seu novo livro e, pelo que nele encontramos, também a sua vida profissional.

Através de uma introdução seguida de três partes (A Mente, As Imagens, A Consciência), põe-nos em contato tanto com a não-violência do Tao Te King, quanto com a ciência irônica de John Horgan, e com os *insights* teóricos de David Bohm. Fala da experiência de Castañeda com Dom Juan, no México, e também do *Cerebri Anatome*, de Thomas Willis. Propõe a importância da meditação e da respiração na construção da subjetividade e não deixa de historiar a frenologia de Gall, a microscopia de Korbinian Brodman, os estudos de Wilder Penfield, de Joseph LeDoux, o neuromatrix de Ronald Melzack. Relata o caso do patologista americano Thomas S. Harvey pesquisando o cérebro de Einstein e traz Krishnamurti e Hermes Trismegisto para seu texto.

Talvez o modo como apresenta o Prêmio Nobel de Química, Ilya Prigogine, sirva como um bom exemplo da sua forma de ler a ciência. Para ele, as pesquisas de Prigogine em termodinâmica nos tornam capazes de "entender que ser humano é ser inacabado e complexo, e isso mostra que estar distante do equilíbrio é possuir mais chances de viver".

Partindo da hipótese de que "ninguém pode penetrar na mente do outro", escolhe ser o personagem da história que nos conta aqui, para a qual nos convida para sermos seus parceiros. Informa-nos que não vemos o mundo através de uma janela porque somos o mundo, e que, sem movimento anterior, nada se cria. Com a poesia que espalha por todo o livro, sussurra-nos que as batidas do coração são "o código Morse psicossomático".

Quando declara que não somos diferentes dos escorpiões ou dos paramécios, por todos sermos necessários para a eco-organização, ajuda-nos a exercitar um aprendizado do mesmo tipo que teve que desenvolver depois que saiu da faculdade, quando percebeu que os livros que havia estudado não falavam sobre sujeitos com incapacidades pessoais, e sim de doenças aplicáveis a qualquer corpo.

Insiste, sempre que a ocasião permite, que a mente não é o cérebro e apresenta a sua proposta: a mente continua indevassável, apesar de todos os anúncios sobre os seus desvendamentos a partir dos vários estudos realizados sobre o cérebro. Deixa claro que, para ele, "o que se pesquisa não é a mente, e sim o comportamento. O comportamento é a fotografia emoldurada de um tempo que nos escapa."

Explica que "cada um de nós é formado por todos os tempos", que "somos o espaço que habitamos e o tempo que vivenciamos", mas que "carregamos muito mais do que a presença de estar aqui e agora" porque "carregamos também as escolhas do passado, cada qual bem marcada nas células do corpo."

Esse sentido de história, por meio da sua história pessoal, vai pespontando tudo. Divide, com o leitor que aceitou a aventura de ser seu parceiro, desde a lembrança da janela que o unia à mãe, que o ensinou a olhar a Lua como um espetáculo da noite, até a descoberta da razão de achar mórbidas todas as bonecas deitadas nas suas embalagens. Ficamos sabendo que escreve ouvindo música clássica, que escutou muita música sertaneja com o pai e que a melancólica voz de Zé Bettio, na Rádio Record, durante anos, significou o início de mais um dia de jornada. Com o seu corpo de adolescente gordo, aprendeu que "o corpo, uma vez construído para se proteger, é o mesmo corpo para amar. Sendo assim, ninguém podia me atacar, nem tampouco me desejar."

Descreve o corpo humano como sendo "um verdadeiro campo de força eletromagnético sensível que interage com o ambiente". E garante que somos, "ao mesmo tempo, pintor e pintura, criador e criatura. Enfim, somos o dentro e o fora, o interno e o externo, a mente oculta e o cérebro visível, o objeto da ação e o sujeito da idealização. Nada está separado. Tudo o que podemos alcançar é o que somos."

Chama a atenção para o fato de que "isso nos torna narradores da história criada por nós, em nós, para nós" e apresenta os sentidos como construtores dessa narração. Lembra-se do cheiro do Natal, das geladeiras invadidas – especialmente, do gosto do pudim de leite condensado de dona Elza e do prato de gemada que sua mãe lhe fazia. Ensina que é por meio do som que desenvolvemos a noção tridimensional do nosso corpo e que os olhos são estruturas que transformam luz em padrões mentais. E nos avisa que "o que vemos nos pertence, mesmo à distância".

Evidentemente, dedica ao tato, à pele e aos receptores uma atenção especial: "Enquanto os outros sentidos estão associados a pequenos órgãos como olhos, boca, nariz, ouvidos, o tato é bastante variado porque seus receptores estão espalhados por todo o corpo", destacando que "a pele possui prioridade estrutural sobre todos os outros sentidos". Sublinha que o primeiro sentido a surgir no desenvolvimento embrionário é o tato, que serve de base para todos os outros sentidos.

Depois de contar que a sua adolescência foi preenchida por sonhos de vôos e quedas e que se curou de uma úlcera quando iniciou "a experiência do fluxo do rio", compreendendo que a correnteza do rio é a mesma desde a nascente até a foz, passa a explicar os Estados Paralelos de Consciência – os EPCs –, "representações na mente que auxiliam no conhecimento do entorno da situação, como também trazem à tona situações passadas ou projeções futuras". E garante que transitar entre passado e futuro é mais comum do que se imagina, trazendo o exemplo de quem leciona, quando observa alunos olharem para o professor, mas estando muito distantes dali.

O texto vai pontuando a sua aquisição de informação científica com a sua história pessoal. Por isso nos conta que, quando criança, adorava ir aos parques de diversão para assistir a Monga, a mulher que se transformava em gorila, com a mesma naturalidade que nos explica que, em alguns processos terapêuticos, costuma trabalhar com "bolas suíças que geram desequilíbrio do corpo e muito medo de cair em quem tudo quer controlar".

Lentamente, a leitura vai nos tornando mais aptos a captar a singeleza da sua experiência do pássaro azul com a paciente de 80 anos e o seu apaixonado olhar para a obra de Camille Claudel,

> cujo drama pessoal se expressa em cada linha, contorno, superfície de seus objetos. A crueldade e as nuances da história de Camille ferem como estocagem do cinzel na pedra bruta, porém aprimoram a beleza do que pode ser visto. As histórias estão aí, dispostas a serem vistas por bons olhos, pois a beleza se encontra na visão e não no objeto.

É justamente desse tipo de beleza que quero agora falar. Na experiência da leitura do texto de Pedro Paulo, pude exercitar muito do que ele ensinava. Pratiquei, de fato, o exercício de dar voz ao outro, respeitando seu modo de lidar com a informação, independentemente do fato de coincidir ou não com o meu.

Ele declara que a cura está na relação sujeito-sujeito, e que o "envolvimento emocional" não fica fora desse processo. Pois bem. Entre nós, aconteceu a empatia, aquele tipo de sentimento que sedimenta uma ligação que parece ser tecida somente de votos a favor. A empatia que nos aproximou de início deve ser a que me faz estar presente aqui, passados alguns anos de nosso convívio.

Não foi sem surpresa que recebi seu convite para escrever o prefácio de seu novo livro. Junto com o convite, no momento em que o li, chegou também uma onda tipo *tsunami* de afetividade, que desfez, instantaneamente, aquele tipo de quietude do afeto que os anos de afastamento tendem a produzir.

"Ser terapeuta do toque é um privilégio", confessa ele, porque "posso ser tocado ao mesmo tempo em que toco o outro. Essa relação recíproca me indica o caminho da solidariedade e do autoconhecimento." São esses caminhos que este livro ajuda a pavimentar. Em um mundo como o nosso, isso é muito.

Você tem razão, Pedro Paulo sempre querido, quando investe nas relações recíprocas: sem companheirismo, não há cura. Obrigada por compartilhar conosco, seus leitores, a beleza dessa sua bandeira, companheiro.

Helena Katz

Introdução

AO APERTAR SUA MÃO, O QUE VOCÊ SENTE? A sensação está na mão ou no cérebro? Lembro-me de que essa pergunta foi o início de uma discussão na aula de Fisiologia do curso de pós-graduação em Neurologia. De um lado, os defensores da neurofisiologia mecanicista; do outro, os adeptos da neurociência filosófica. Embora todos fossem alunos do mesmo curso, a turma se dividiu. Profissionais costumam discutir para sustentar suas opiniões. Eu quis acalorar a discussão usando um *koan* que havia lido em um livro budista. O *koan* é um enigma zen usado na prática *Rinzai* para se atingir a iluminação. Ele não pode ser resolvido pelo raciocínio lógico. Para tentar resolvê-lo, o aprendiz deve ir além do raciocínio dedutivo. Existem vários *koans*; o que usei foi um bastante conhecido: "Qual o som de uma única mão ao bater palmas?" O silêncio de ambos os grupos foi imediato; ninguém conhecia os *koans*, e, portanto, acreditaram que eu estivesse achincalhando a discussão. Alguns saíram da sala me acusando de irônico. Não quis ser sarcástico; apenas acreditei que pudéssemos pensar o cérebro de outro modo que não fosse pelo pensamento linear. Mesmo porque a própria pergunta se parecia com um *koan* e não podia ser respondida de modo linear. Se, na Neurologia, pudéssemos usar *koans* zen, poderíamos fazer essa pergunta da seguinte maneira: "Ao apertar sua mão, onde está a sua mão, no cérebro ou em você?" Pode parecer brincadeira, mas, se filosofarmos um pouco mais, será que poderíamos responder, com certeza, onde está o nosso corpo?

Na Neurologia, nem sempre foi possível obter respostas claras para os grandes enigmas. Desde Descartes (1596-1650), que acreditava que os movimentos da alma lançavam os espíritos em direção aos poros das paredes dos ventrículos cerebrais, para depois viajarem pelos nervos colocando a vontade da alma em prática, Thomas Willis (1621-1675), "viciado em abrir cabeças" como ele próprio se denominava, que insistia em descobrir os lugares secretos da mente, passando por Franz Joseph Gall (1757–1828) com sua incrível frenologia, até semana passada (março de 2006), quando escutei de um renomado neurocirurgião, e professor catedrático de uma conceituada universidade federal brasileira, acerca de uma cirurgia realizada por ele: "Eu retirei grande parte do cérebro, porém as estruturas nobres foram preservadas". Isso só me faz refletir com tristeza que pouco se mudou. Muda-se o cenário, mas continua o mesmo paradigma.

As respostas continuam sendo interpretações lógicas, de cunho dedutivo. Quando fiz o curso de Neurologia, estava na efervescente década das pesquisas do cérebro. Novas descobertas surgiam todos os dias, e, com elas, as refutações brotavam abundantes. Tínhamos novos modos de olhar e compreender o incompreensível. Cada livro tentava ser mais didático do que o outro. Para ser de fácil entendimento, tudo era simplificado.

Enveredar pela trilha da mente sempre foi uma viagem fantástica. Na primeira parte deste livro, pretendo caminhar pelas absurdas, porém não menos válidas, tentativas dos diversos pesquisadores do cérebro na busca da sede da alma. Atravessaremos os pensamentos desses grandes homens e veremos que a mente não é o cérebro. Para abordar a mente, proponho trafegar em minha própria história, pois não poderia escrever sobre a mente na terceira pessoa. Assim, em vários momentos trarei fragmentos de minhas lembranças e fatos construídos em minha própria história. A meu ver, as árduas tentativas em compreender a mente sempre foram, e continuarão sendo, a busca do significado da vida.

Quando comecei a me interessar pela neurologia, foi no sentido de buscar respostas para as minhas reflexões. Meus pensamentos sempre foram inconstantes acerca do que é o viver, o adoecer, e o morrer. Pelo fato de querer ser terapeuta (muito diferente de ser fisioterapeuta), o meu interesse sempre esteve no sujeito e não no objeto. Infelizmente, não consegui encontrar mestres que me fornecessem respostas fundamentais, mesmo que apenas fossem aproximações da natureza do real. Atualmente alcancei o entendimento de que ser humano é ser sujeito e, conseqüentemente, é ser enigma, estranho, indeterminado. Estudar neurologia não me possibilitou atingir respostas confortáveis, pois ela sempre esteve direcionada aos problemas, aquilo que não *funciona* bem, conhecer procedimentos para solucionar patologias. Demorei muito tempo para entender que a doença é uma peça do teatro da mente, com enredo bem escrito e personagens bem trajados. O corpo, nesse caso, é o palco em que todos podem assistir à encenação.

Lembro-me de Carlos, meu primeiro paciente neurológico, um rapaz de 22 anos. Nós tínhamos a mesma idade na época. Ele sofrera um acidente de moto. Estava em alta velocidade quando entrou debaixo de um caminhão carregado de tijolos. Ele teve diversas fraturas na coluna cervical, deixando-o com uma lesão medular severa. Carlos não conseguia mexer nenhuma parte do corpo senão o pescoço. Mesmo assim, não tinha muita amplitude de movimento, porque teve de ser submetido à cirurgia de estabilização da coluna cervical. Numa das sessões terapêuticas, ele estava muito nervoso e esbravejava, sendo extremamente grosseiro com as pessoas. Quando cheguei perto dele, achei que deveria confortá-lo e, cheio de mim mesmo, fui logo lançando minha "filosofia de botequim". É uma pena não poder lembrar meu próprio rosto, mas, com certeza, eu tentava dissimular minha fragilidade. Eu disse, com a minha mão repousando no ombro dele: "Não fique assim, eu sei o quanto é difícil para você". O olhar dele foi inesquecível. Lembro-me, como se fosse hoje, daqueles olhos verdes de raiva. Eram olhos penetrantes e violentos. Ele parou de esbravejar por um instante e disse calmamente: "Você sabe o que é ter uma lesão medular e ficar paralisado do pescoço para baixo? Sabe o que é depender de outras pessoas para fazer as coisas para você? Sabe o que é perder o próprio corpo para sempre? Se não sabe, pare de falar merda e cale a boca seu babaca!" Aquilo veio com tanta intensidade que o meu corpo ficou anestesiado. Não pude agüentar; todas as minhas couraças profissionais se desarmaram, e fiquei totalmente nu. A minha vulnerabilidade acabava de ser violentada por palavras certeiras. Tive de me despedir e dizer à mãe dele que não podia tratá-lo naquele dia; voltaria dali a dois dias. Quando entrei no meu carro, chorei copiosamente. Não podia entender o que estava acontecendo. Sentia uma mistura de sentimento de humilhação, fragilidade, insignificância, impotência, incompetência. O ego profissional se esfacelou, não sobrando nada. Depois de alguns minutos, olhei-me no espelho retrovisor do carro e disse a mim mesmo: "Se eu não souber tratar de gente como gente, eu desisto aqui e agora". Dali para frente, eu resolvi buscar outros conhecimentos que pudessem me formar melhor; precisava aprender a calar caso desconhecesse os sentimentos alheios. Não tive a oportunidade de estar com ele novamente; Carlos morreu dois dias após o ocorrido, por overdose de cocaína.

Essa imagem mental andará comigo por muitas léguas. Carlos me ensinou, naquele ínfimo momento, o que não aprendi em anos na faculdade. É preciso renovar o aprendido desde sempre. Como dizia o grande poeta português Fernando Pessoa:

> Procuro despir-me do que aprendi,
> Procuro esquecer-me do modo de lembrar que me ensinaram,
> E raspar a tinta com que me pintaram os sentidos,
> Desencaixotar as minhas emoções verdadeiras,
> Desembrulhar-me e ser eu...

Se esquecer é mais difícil do que lembrar, nada melhor do que aprender a ser incapaz num mundo "tão competente", repleto de fachadas. Quase 20 anos após esse fato, percebo ainda que competência profissional nada mais é do que história de heroísmo criada para satisfazer a egos esburacados. Muitos profissionais da saúde carregam o fardo do mito do herói, acreditam ser o salvador; tudo pode ser solucionado, bastando, para isso, se atirar nas pesquisas de ponta. Somos construídos no modelo do auto-engano para nos sentirmos seguros. Quando tratamos de gente, tudo ocorre de modo tão complexo que é impossível saber a origem e o fim de um processo. O humano é indeterminado, porquanto impossível de se desvelar por completo. O desdobramento de uma história só pode ocorrer no contexto presente. Mesmo assim, tudo não passa de história criada por nossas mentes. A meu ver, se as histórias não fossem criadas, muitos não suportariam o *tranco* do dia-a-dia da profissão. Porém, até aonde vai o auto-engano para nos sentirmos satisfeitos? A Neurologia é tão enigmática quanto os *koans*. Buscar respostas não é o mesmo que ter certeza de possui-las. Ao se aproximar de certezas, cai-se em paradoxos. "A natureza resguarda o ventre escuro donde gera incansavelmente o que vemos, ouvimos, degustamos e dizemos."[1]

---

[1] SCHULER, Donald. 2000, p. 50.

A ciência se constitui na procura de respostas, e não em conclusões absolutas. Atualmente os grandes cientistas aceitam que suas teorias são apenas *descrições* da realidade. Recebemos a herança amarga da certeza. Desde Aristóteles, viver na incerteza e ser transitório se tornou inaceitável. O incompreendido foi fragmentado e analisado a fim de se obter clareza. Quanto mais se corta e isola, mais se afasta do contexto. O que não é contextual não pode ser real.

Em nossos dias, os detalhes são enaltecidos, e o que pode ser visto e analisado é considerado verdadeiro, enquanto o invisível se tornou somente crença. O ego cartesiano é exaltado em detrimento da natureza do vir-a-ser heraclitiano. O limite do conhecimento passou a ser inaceitável para as mentes que se alimentam de poder. Isso é tão freqüente que, nos discursos diários, perder o poder de conhecer passou a significar perder o próprio paraíso. Muitos afirmam que a divindade habita egos. Quanto maior a certeza, maior o jogo das sombras. A dança das imagens mentais engana, de modo que não conseguimos perceber que estamos sendo joguetes na mão da mãe natureza.

Viver é encenar roteiros escritos por nós mesmos. Assim, pretendo mostrar, na segunda parte deste livro, que somos livres para criar nossas histórias. Nada pode ser trazido para dentro de nós a não ser em forma de imagens. São essas imagens mentais que nos fazem ser quem somos e ver o mundo como vemos. Assistir ao espetáculo da vida é construir mentalmente o próprio espetáculo enquanto ele se desenrola.

No processo do vir-a-ser, nada sabemos, só podemos criar histórias para a nossa satisfação. O que nos faz humanos é ser munidos de consciência e, portanto, saber que sabemos. Na terceira parte, quero enveredar pela consciência a fim de trazer à luz o que nos torna conhecedores de nossa própria realidade. Porém, conhecer a realidade de maneira objetiva se tornou um problema profundo, principalmente após as descobertas da nova física. Ser parte daquilo que observamos revelou nossa limitação, e a pretensão de conhecer o mundo de modo impessoal passou a ser um grande equívoco. Nunca estaremos livres de nossas lentes e sempre vamos estar à mercê de nossos filtros.

A mente humana é um teatro em que são encenados símbolos, e o resultado final de cada ato é o corpo (*fresh symbol*), paisagem de nós mesmos. O corpo nos fornece a nitidez de nossa experiência. Só a experiência é real? Dentro de nós, existe uma potência, um *modus operandi* do vir-a-ser. Isto é, na mente, existe o que queremos que exista. Ter uma mente é ter uma escolha. Na potência, tudo pode ser construído; porém, a construção será sempre inacabada, incerta e imperfeita. A dúvida engendra um movimento à frente, rumo à evolução da espécie humana. O real é apenas um conceito, símbolo criado por nós mesmos.

A sensibilidade do corpo permite a ele reagir ao ambiente, aprender e acumular experiências. A estrutura humana evoluiu e aprendeu a decifrar a realidade baseada principalmente na compleição fornecida pelos sentidos. O que não se pode sentir passou a ser visto como irreal. Contudo, a evolução da mente humana propiciou a articulação de códigos simbólicos. Daí surgiram expressões artísticas, escopos religiosos, filosofias existenciais, aventuras reflexivas. Novos jogos da natureza se estabeleceram, e passamos a transcender o corpo para atingir o numinoso.

Quanto maior o conhecimento, maior o questionamento, e mais nos chafurdamos no lodo da dúvida de quem somos nós, por que somos como somos, se o que está na mente é real, se podemos acreditar naquilo que sentimos, e se desconfiar do real é duvidar de nossa própria existência.

O propósito deste livro não é preencher lacunas, e sim abrir espaços para outras construções criativas. O humano é inacabado; portanto, seria impossível determinar o indeterminado. De qualquer modo, é possível produzir novos conceitos, novas maneiras de ver o invisível. A ciência da física das partículas elementares tem se mostrado um instrumento hábil no auxílio do conhecimento daquilo que nossas sondas sensoriais não podem captar. A teoria da incerteza de Heisenberg já minimizou muitas de nossas pretensões científicas. Porém, muitos ainda não querem acreditar nisso, deixando de lado o micro para se voltar apenas ao macro. Quando retiramos parte do real, ele deixa de ser real. Viver na dúvida é também uma possibilidade. Ficar menos poderoso é também sofrer menos. Quando o poder acaba, termina também o sofrimento de não almejá-lo. Na incerteza e no inacabado, está a história de todos nós humanos. Enquanto vivermos, estaremos em busca de desdobrar conhecimento em significado. Isso nos gera a *motilidade*, um movimento interno de origem desconhecida que nos propicia coragem em continuar na senda do desvelamento.

Não podemos viver sem significado. Fomos dotados de consciência; no entanto, é preciso desvelar, cumprir, criar, decidir. Enfrentamos momentos difíceis, nos quais somos convencidos a comprar alicerces prontos. Sem decisão, não há responsabilidade; sem responsabilidade, não há vida. Sem a oportunidade de escolha, ficamos à deriva, somos cerceados à opinião das massas.

Atravessamos uma época difícil cujas condutas destrutivas, em decorrência do paradigma competitivo, nos geraram medo de apostar no novo; a lei da sobrevivência se firmou no modelo equivocado do vencer pela eliminação do adversário; a incerteza, que sempre produziu saídas criativas, se transformou em desesperança e posturas apáticas; a experiência da beleza passou a ser vendida em lojas de departamento, enquanto a televisão e as redes virtuais da internet nos enganam com promessas de um mundo seguro e sólido; as religiões criam modelos de heróis salvadores baseados na cultura cinematográfica de Hollywood; a transcendência ao numinoso se tornou caminho simples a partir do auxílio de substâncias alucinógenas; o cérebro se transformou em uma máquina computacional cujo programa pode ser construído de acordo com as exigências do freguês; as universidades se interessam pelo conhecimento vendido; assim, o importante é obter o certificado, um *ticket* que permite a livre passagem para o mundo profissional.

Enfim, chegamos à era do paradigma pós-humano, referenciado no avanço tecnológico cujos instrumentos modernos fornecem todas as certezas, quantificando e somando medidas precisas, fundamentadas em uma lógica linear que tudo pode. Nessa etapa, acredita-se que o humano em si é insuficiente, e a forma biológica, inadequada às demandas do meio. Por isso, é necessário reprojetar o humano de maneira competente a fim de que ele se torne uma máquina exímia, sem erros ou perturbações. Estamos mais próximos da ficção do que daquilo que podemos denominar de real. Nos dias de hoje, o simulacro se tornou verdade absoluta.

Pensar o humano sem refletir acerca da mente e da consciência não faz sentido. Para lograr o conhecimento, será preciso se deparar com o invisível, o intangível. Porém, o que elude a percepção merece atenção? A meu ver, sem descrever o invisível, é impossível atingir o visível, a matéria, o corpóreo. Sem corpo, não há mundo, só sonho sem forma. Como reaver a forma perdida? Pela *re-volta* e pela *responsabilidade*. Voltar para dentro em busca de si mesmo a fim de responder às demandas da vida. Esse é o propósito crucial de todo ser vivo.

No visível, tudo se mostra simples, porém repleto de buracos. Ao enveredarmos pela senda do autoconhecimento, nos deparamos com algo mais profundo e observamos que o visível é somente a ponta do *iceberg*. O velado tem muito a nos ensinar. Por isso, não basta conhecer o cérebro para saber quem somos. Repetirei, diversas vezes, que o cérebro não é a mente, pois a proposta deste livro é buscar sentido e elucidar equívocos.

Convido o leitor a ir além do neocórtex. Não devemos aquiescer ao velado sem tentar desdobrá-lo. Mesmo que saibamos que a mente constrói histórias para nos satisfazer, é preciso se revoltar e ser responsável. Se a afirmação de alguns cientistas quânticos estiver certa, quem sabe encontraremos aqui respostas apaziguadoras para o nosso caminho. Se tudo sai antes de nós para depois podermos perceber o que está fora, quem sabe descobriremos que o significado da vida está no interlúdio da concretização; no espaço entre o eu e o não-eu, no trânsito da relação humana.

Portanto, quero propor, neste livro, uma viagem pelos escombros de minha própria mente. Não quero enunciar caminhos sem que eu possa estar neles. Não posso conceber a mente do outro, pois nela existe algo a mais, inacessível a minha compreensão. Sendo assim, quero propor aqui uma jornada por minha própria história, lembranças da infância de um garoto curioso que buscava atravessar a janela do quarto a fim de descobrir o que existia fora, desafiando o próprio aprendizado, arriscando perder as raízes maternas. Um garoto que buscou esculpir paisagens belas e sensíveis para viver melhor. Creio que somos capazes de romper com todas as forças que nos aprisionaram, mesmo que essas forças sejam familiares. Nascemos sozinhos e viveremos sozinhos, porque ser é um vir-a-ser contínuo. Não há como escapar de nós mesmos senão pelo modelo do auto-engano.

As sensações e as manifestações de meu corpo, de toda uma época, estão vivas. Envelhecer me permitiu ter uma perspectiva totalmente diferente do tempo. Por isso, buscar respostas em mim mesmo é convidar o leitor a estar ao meu lado, desvendar a si mesmo. Ninguém constrói caminhos para estar isolado; quero compartilhar com você minha trajetória e meus questionamentos, mesmo sabendo da presença infinita de minha solidão.

Parte I

A mente

Tem gente que mente que nem sente.

Anônimo

A mente vasculhada

A vida sem exame não vale a pena ser vivida.

Sócrates

AO ATRAVESSAR A PORTA, ENTREI NUM QUARTO. O cômodo era pequeno com uma janela, olho aberto para a noite escura. Ao lado da janela, havia uma cama onde dormia um homem, cujas feições não eram nítidas. O lugar estava escuro demais para que eu pudesse ter qualquer certeza. Não podia confiar na noite. Se a luz fosse acesa, poderia acordá-lo. Procurava um ângulo melhor para que eu pudesse ver quem estava dormindo. Meu corpo se contorcia na busca de visão. Lentamente, sem qualquer barulho, cheguei mais perto. Havia um feixe de luz que atravessava a porta semi-aberta. Se eu mudasse o ângulo de visão e aproveitasse a luz, talvez descobrisse quem estava naquela cama. O lugar era familiar, o que instigava minha curiosidade, mas não podia garantir que havia estado ali antes. Aos poucos aproximei-me até a luz desvelar o rosto daquele homem. Ele era tão familiar que imediatamente procurei, em minha memória, rostos conhecidos para fazer associação. Quando pude ver melhor, fiquei perplexo. Senti o meu corpo congelar. A surpresa paralisava os sentidos; não podia duvidar do que estava vendo. A incerteza dissipava, e eu tinha de aceitar a experiência. A pessoa ali deitada era eu mesmo. Era inacreditável me ver deitado naquela cama. Na tentativa de encontrar justificativa para a experiência, cheguei a pensar na loucura. Mas, tudo transcorria rápido demais para qualquer julgamento. Aproximei-me e percebi que o homem falava e gesticulava enquanto dormia. Ele estava sonhando. Tinha um sorriso estampado, face serena, demonstrava estar feliz. Isso, de alguma maneira, me tranqüilizava. Mesmo assim, não deixava de tentar achar explicação. Pensei em acordá-lo. Será que ele poderia falar comigo? Mas, se o fizesse, estragaria aquele momento tranqüilo. A dúvida tomava conta de mim. Eu ali parado, contemplando aquele homem sem saber como agir. Não sabia se eu deveria deixá-lo dormir para que ele continuasse a desfrutar o sonho de ser feliz, mesmo que fosse somente sonho, ou se deveria acordá-lo, trazendo-o de volta à "realidade".

Durante muito tempo, vivi essa experiência onírica. Por não saber quem eu era, sonhava encontrar comigo mesmo. Questionava-me se eu era o homem que entrava no quarto, ou se eu era o homem que dormia. Eram duas perspectivas diferentes de mim mesmo. Por um lado, era plácido, feliz e íntegro. Por outro, inquieto, incrédulo, fragmentado pela dúvida. Dois personagens em situações contrárias que se complementavam. Eu teria o direito de acordar aquele homem e mostrar-lhe que tudo não passava de um sonho de ser feliz? Eu teria o direito de deixá-lo sonhar, retirando-lhe a chance de conhecer a "realidade"?

A experiência era a minha própria busca. Queria desvelar a face do mistério. Sonhos são sonhos. Porém, todo sonho é projeção, fonte de nossa própria essência. Toda vivência onírica é fruto da mente. Na mente humana, residem cantos, perspectivas, profundidades não-delimitadas. Do mesmo modo, existem espaços de solidão, paredes de proteção, anseios de liberdade, janelas e portas que se abrem ou se fecham ao entendimento. Quem interpreta é o sonhador. Todo julgamento cabe a quem decide julgar.

No sonho, nunca tive coragem de acordar aquele homem. Ele tinha o direito de decidir continuar dormindo, sonhar em ser feliz. Sonho e vigília são complementares. Assim, a ilusão não está circunscrita somente ao sonho, mas também ao estar acordado, sendo que em outro domínio da consciência. Em qualquer processo interpretativo existe ilusão, pois a interpretação é uma faculdade do pensamento, e nunca está livre de preconceitos. Pensar é dar conceitos às coisas. Se eu penso, penso por mim mesmo. E essa procissão de pensamentos vem acompanhada de conceitos de como as coisas são ou como deveriam ser. Daí nasce o preconceito. O que é o preconceito? Antes de experimentar a situação, surgem expectativas normativas de como a situação deveria transcorrer. Se ela não surgir como foi pré-formada pela mente, é rejeitada. E a recusa vem acompanhada pela frustração. A mente humana tem a capacidade de antever as situações, projetar pensamentos ao futuro à espera de confirmação. Essa faculdade da mente nada mais é do que uma brincadeira ilusória. Manipular as experiências antes que elas surjam é brincar de ser adivinho. Todos nós costumamos brincar assim. Quem nunca imaginou como será o encontro de logo à noite? Quem nunca projetou para o futuro um bom emprego? Quem nunca fez economia para ter um carro ou a casa dos sonhos? Isso é brincar de ser adivinho, é ter a "realidade" transformada em sonho. Esperar é construir um cenário que pode se manifestar ou não. Quando a expectativa se confirma, a esperança e o desejo de mais sonhos são reforçados. Quando não, acredita-se que algo não deu certo e que é preciso tentar novamente, como costumamos ouvir: "Nunca devemos perder as esperanças"; Sonhar é bom, mas será que sonhar é viver a "realidade"?

Não podemos afirmar que estamos desvinculados de nossas experiências oníricas quando estamos acordados. Do mesmo modo, não podemos dizer que não estamos conscientes quando dormimos e sonhamos. O nível de consciência varia nos diversos mundos da experiência.

Todavia, despertar para a verdade é acender uma luz interior. Lá, reside a liberdade de ser quem de fato somos. Não importa em que nível de consciência isso ocorre. Não nos cabe julgar, pois, quando a palavra participa do discurso afastamo-nos de nós mesmos para estar no mundo dos conceitos. Nossa verdade transcende a linguagem. A verdade não está vinculada aos sonhos, nem mesmo à "realidade". Forçar uma resposta é se distanciar dela. Mas, se vivemos no mundo da linguagem, como encontrar o conhecimento de quem somos sem interpretações? Pelo silêncio. É no escuro que surge a luz. Sem a escuridão, não há presença de luz. São nos espaços de solidão que encontramos o centro, a paz de saber quem somos. No quarto onde dormimos e sonhamos, está também a consciência. Luz e sombra são forças complementares que nos possibilitam seguir na vereda do autoconhecimento.

Talvez seja por esse motivo que, há muito tempo, me dedico aos estudos da mente humana. Quero saber o que a minha mente é e o que a mente do outro pode me ensinar. Nesse tempo, trafegando pelas pesquisas científicas, verifiquei que elas não se voltavam para a mente em si, e sim para a mente alheia. Se a mente é subjetiva, ela é pertencente à primeira pessoa. Isto é, ela diz respeito ao "eu". E como não é possível entrar na mente de ninguém, os estudos se voltam para o comportamento do indivíduo. Os filósofos behavioristas da mente acreditam que podem explicá-la pelo mais simples, o comportamento do corpo. Muitos chegaram a acreditar que a consciência não precisa ser levada em consideração nos estudos da mente. Por isso, explicar a mente como se explica o cérebro sempre foi um caminho mais simples e escolhido pela ciência materialista.

O positivismo lógico fundamenta-se na premissa de que, se o comportamento pode ser facilmente observado, porque é visível, pode também confirmar a atividade da mente que o produz. Atualmente, com o avanço da tecnologia de procedimentos não-invasivos, é possível acessar o cérebro *in vivo*. Contudo, por intermédio dessas pesquisas, a mente continua fora de foco. Na tentativa de entender a mente, as pesquisas se voltam para o cérebro. Porém, como veremos adiante, a mente não é o cérebro. Se a mente fosse o cérebro, como poderíamos partilhá-la com os outros?

As pesquisas reducionistas podem acessar o cérebro cujas propriedades são materiais. Toda pesquisa científica se fundamenta no visível, observável, mensurável. A mente, por outro lado, é subjetiva, flutuante, pertence somente ao sujeito que a tem. Ninguém pode adentrá-la para saber o que se passa nela. Isso nada mais é do que ficção, como visto no cinema; aparelhos avançados que decodificam códigos neurais e transformam-nos em imagens na tela do monitor. Por meio desses aparelhos futuristas, pode ser observado em um filme nítido, o que se passa na mente do personagem.

Entretanto, a minha mente, como a sua, não revela tanta nitidez assim. As imagens representadas em nossas telas mentais são mescladas por várias tonalidades, nuances, qualidades que nem nós mesmos compreendemos completamente. Pense, por exemplo, no seu último fim de semana. Como você o vê? Tente dar seqüência a ele. Percebe que você não é capaz de dar seqüência às imagens, sem misturá-las com outras sensações que esteja recebendo agora nesse momento? Se você misturar o passado com o presente, não poderá ter imagens nítidas. Na tela mental, há muito mais do que simples imagens, existem qualidades subjetivas da percepção presente envolvidas.

Por essa razão, eu não poderia escrever este livro se não fosse pela apreciação de minhas próprias imagens mentais. Se não posso atingir a minha mente, muito menos a mente alheia. Para isso, partirei de um ponto em que eu me situo como sujeito de minha própria indagação. Distanciar de mim mesmo é ousar entrar em caminhos desconhecidos, trilhas ocultas. Arrisco-me perder a noção de estar acordado ou em sonho. O assunto é complexo, e, dentro dos diversos fios dessa trama, posso me colocar mais visível quando olhar para mim. Apesar de saber que a mente pode pregar peças, pois o humano é tendencioso, pretendo ser vigilante para não errar o caminho. Sem a vigilância, posso entrar no engano de pensar que o outro tem a resposta para a minha travessia. Ninguém pode dar respostas corretas. Ninguém pode acender a luz do quarto onde eu durmo, a não ser eu mesmo. Se a realidade é subjetiva, porque se baseia na experiência da mente individual, ela pode ser também um sonho.

Só conhecemos as trilhas quando vivenciamos a história. Isso me remete ao genial diálogo de *Alice no País das Maravilhas* com o gato de Cheshire, quando ela está perdida e pergunta para onde tem de ir. O gato pergunta aonde ela quer chegar. Ela diz que não interessa aonde. Então ele responde que ela pode ir por qualquer caminho.

Seguir em qualquer direção é andar em círculos. Por isso, a importância de ser vigilante nesta aventura. Pela vigilância, é possível verificar que o observado se funde com o observador, tornando-o uma única coisa, sem dualidade de julgamento.

Por que a mente?

Sem a mente, não há conhecimento, nem direção. Sou o que sou porque tenho a mente para partilhar com o outro. Não poderia ser alguém sem um sentido. É necessária a construção da história a fim de estar mais próximo do enigma. Quando se perde o caminho, deixa-se, para trás, o conhecimento, dificultando a compreensão do que se quer para retomar a rota. Somente o personagem da própria história pode ter a resposta. Se ele tem condição de questionar, tem também condição de procurar as próprias respostas. Nem toda resposta é elucidativa, porque, se o humano é tendencioso, pode criar livremente seus argumentos. É assim que as pessoas vivem grande parte do tempo, criando o próprio enredo para se sentirem saciadas nesse mundo incerto. Nem sempre o enredo é criado nos fundamentos da verdade. A maioria das pessoas continua a construir mentiras a fim de obter segurança na travessia da vida. Contudo, não raro, as mentiras provocam feridas, rancores, culpa. Por que sofrer se temos a liberdade de construir a própria história?

Sem a mente, não seria possível tecer a trama que constrói o mundo pessoal, nem tampouco reconhecer a existência nele. A existência humana pressupõe a autoconsciência. Quando a reflexão é permitida, há possibilidade de se saber acerca do curso da história do personagem, de ver que cada um transita no mundo, experimentando-o e criando o próprio significado. É pelo viver que se compreende a situação, e é pelo rememorar que se reconhece a trajetória do tempo. Conhecer a si mesmo é um ato de humildade, pois, ao curvar-se, é possível encontrar o grande tesouro, a essência de ser quem verdadeiramente se é.

Em cada reconstrução da paisagem mental, surge um novo conhecimento, pronto a ser ressignificado. Nas nuances das reminiscências, encontram-se potencialidades latentes, fragmentos do tempo que, uma vez alcançados, facilitam a compreensão acerca de quem somos. Todo ato de rememorar reproduz imagens mentais. Nelas, a organização dos sentimentos e a sistematização dos eventos remotos se tornam verdades individuais.

O que seríamos sem as lembranças? Passado improvável, limites indefinidos, corpo sem ranhura. Os vestígios da vida estão incrustados no corpo, refletindo o próprio tempo vivido. Sondar o tempo da memória é manter a individualidade e seus limites. Por isso, a importância de ser historiador de si mesmo. É pelo exercício da memória que se ilumina o rastro da história. Na mente, está o tempo; no corpo, o espaço. Juntos, eles formam uma unidade. Nada está separado de nada. Para haver trama, tem de existir interconexão e interdependência dos fios.

O mal da civilização contemporânea está na hipertrofia do futuro. Grande parte das pessoas acredita que o passado pertence àqueles que já viveram o suficiente para contar histórias. Isso não é verdadeiro. Visitar o passado é privilégio de todos, independentemente de idade cronológica. Quando se caminha pela vereda da história, é possível se deparar com situações incompreendidas. A capacidade inata de construir enredos propicia a descoberta de que cada um de nós é formado por todos os tempos. E se o tempo é subjetivo, ele pertence a quem o vive. Nesse sentido, o autoconhecimento pode ser a jornada mais árdua do personagem, porém, não obstante, é a mais profícua de todas as aventuras. Enfim, conhecer a si mesmo é um ato de escolha individual.

A evolução da espécie humana garantiu uma importante aquisição, a *linguagem*. Ser humano é viver na linguagem. Por intermédio dela, o significado da existência passou a ter coerência e, conseqüentemente, a compreensão aperfeiçoou-se. Se a linguagem é pública todos estão envolvidos em uma rede de conversação, na qual contar e ouvir histórias proporciona a autoconsciência. Sei que existo quando o outro se mostra parceiro de minhas indagações. A faculdade de me entender como ser situado no mundo está na reciprocidade dos meus relacionamentos. Esse entendimento só é possível porque sou dotado de uma mente.

Pela narração da história a mente se revela. Como ninguém pode penetrar na mente do outro, escolho ser o próprio personagem desta história, convidando o leitor a ser o meu parceiro. Procurarei me esforçar em descobrir nuances de meu imaginário a fim de imprimi-los aqui. Sei que a memória é dinâmica, construída e reconstruída a cada percepção atual. As histórias não morrem quando sustentadas pela lembrança.

A viagem pela vereda de minhas lembranças será pano de fundo para que o leitor possa deslumbrar suas próprias imagens mentais, observando o que ainda não foi observado e, quem sabe, encontrar o que estava perdido dentro de si mesmo.

As janelas da mente

Se todas as histórias se entrecruzam para formar uma única história, não é possível conceber a trama tecida apenas por um fio. Tenho certeza de que tudo será uma nova construção no decorrer da escrita. O que se passa nas janelas da mente é um enigma.

A ciência contemporânea tenta compreender os mistérios da mente. Porém, os resultados têm sido apenas *insights* – imagens que pertencem à mente dos cientistas. Mesmo que as revistas sensacionalistas, a mídia com informações avassaladoras e alguns livros persistam em dizer que a última fronteira foi finalmente cruzada, a mente continua indevassável. Por isso, minha pretensão não é elucidar mistérios, mas gerar novas reflexões. O humano é imprevisível. Não é estranho pensar que os enigmas da mente nunca tivessem sido revelados, assim como saber se teremos respostas conclusivas algum dia. Nossa natureza é inconclusa, e, por esse motivo, a travessia se torna mais excitante do que o fim da jornada. Nela, está a grande aventura de ser um humano legítimo. Isto é, ser humano é ser desconhecido, ao mesmo tempo em que se sabe estar munido de habilidades para a autodescoberta.

Será o mistério o que nos mantém vivos? Pela perspectiva da *biologia do conhecer*[1], os sistemas vivos precisam aprender para conservar sua organização e também se adaptar às circunstâncias. Portanto, aprender é viver, viver é aprender. Quando o sistema vivo deixa de aprender, ele morre. Continuamos vivos porque a incerteza nos gera movimento à frente. Ela nos conduz ao velado, retroalimenta a curiosidade, intensificando o viver.

Sem movimento anterior, nada se cria. Do mesmo modo, se as pegadas desaparecem, perdemos o significado. Sem significado, não há fundamento para a existência. Felizmente, somos dotados da razão, que nos propicia a coerência. Ser coerente com a narrativa permite alcançar um lugar pacífico. A paz é uma busca de todos. Sem ela, o sofrimento e a apreensão contraem a vida. A mentira é construída nesses termos. A meu ver, quando é construída a mentira como defesa, surge o medo. Ele é um sentimento que se origina na falta ou recusa do autoconhecimento. Quando não sabemos quem somos, corrompemos os limites dos outros. É por isso que a mentira fere, deixa marcas. Não raro, é possível ver pessoas que culpam as outras pelo insucesso, dúvida, infelicidade. Encher o cântaro com a culpa é morrer de sede na travessia do tempo. A culpa é também ignorância e resistência ao autoconhecimento. Na culpa, não há mudança. E se viver é fluxo, quem resiste não vive, apenas interpreta um papel existencial com descontentamento, desejando logo o fim do ato.

Se a vida é passagem inexorável, o que posso conseguir é dar formato ao meu tempo vivido a partir da linguagem, para que minhas palavras se tornem coerentes. Como tudo se fundamenta no dinamismo, não existe construção que seja estável. Por isso, trarei à tona lembranças de minha infância. De uma simples janela de meu quarto, pretendo desvelar alguns segredos da minha mente. Como sabiamente Gaston Bachelard escreve:

---

[1] Teoria desenvolvida pelos neurobiólogos Humberto Maturana e Francisco Varela.

> Evocando as lembranças da casa, adicionamos valores de sonho. Nunca somos verdadeiros historiadores; somos sempre um pouco poetas, e nossa emoção talvez não expresse mais que a poesia perdida.[2]

A janela da liberdade

Recordo-me de minha infância, em que ficava grande parte do tempo dentro do meu quarto. Nele, havia apenas uma janela. Pelo fato de eu ser pequeno demais, era difícil conseguir alcançar o parapeito para enxergar a paisagem exterior. Sentia-me preso dentro daquele espaço, ao mesmo tempo em que ele me fornecia segurança. Obviamente eu não tinha noção acerca de minhas limitações; sentia angústia. Esse sentimento gerava em mim a obstinação da procura de meios possíveis para ver o que ainda não tinha visto. Foram várias tentativas para alcançar a janela. Subia em cima de latas de leite em pó, ou fazia uma pilha de travesseiros e almofadas, ou tentava escalar a parede. Tudo em vão. Só o tempo podia me ajudar. Precisava envelhecer para adquirir outra forma, uma que pudesse dar condições de alcançar minhas metas.

Meu pai gostava de criar passarinhos. Costumava deixar a gaiola na janela para que os pobres prisioneiros se distraíssem com um pouco de sol. Para que ela não caísse no andar de baixo, pois morávamos no terceiro andar do prédio, ele abaixava a vidraça, apoiando-a em cima da gaiola. Os passarinhos batiam asas, pulavam de um poleiro a outro, mas logo se cansavam. Existia algo na percepção deles que os fazia compreender que não adiantava desejar o vôo.

Queria ver aqueles pássaros livres. Então, resolvi soltá-los. Minhas mãos eram pequenas e desajeitadas. Como todas as tentativas foram frustradas, no ímpeto de raiva, empurrei a gaiola. Quando caiu, em uma fração de segundos, escutei-a espatifando no andar de baixo, e a vidraça veio com toda força em direção à minha mão esquerda. Lembro-me do susto e da dor. Minha mão ficou inchada e com hematomas. Perdi duas unhas, enquanto meu pai perdera os dois coitados que morreram sem poder se safar. Para mim, o problema não era a morte dos passarinhos, e sim o modo como morreram. Sofrer a expectativa da morte sem conseguir sair da gaiola deve ter sido horrível. Se a intenção

---

2 BACHELARD, Gaston, 2000, p. 26.

era libertá-los, acabei por destruí-los. O evento foi tão significativo que ainda me lembro da cena e dos sentimentos que pude vivenciar. Era uma mistura de medo de ser punido, culpa pela morte dos pássaros, e sentimento de frustração por não conseguir dar a eles a liberdade com vida.

Eu crescia, e a janela mudava de perspectiva. Sempre achei interessante esse fato. Quem vive ou viveu em uma casa durante toda a infância e adolescência sabe da mudança de perspectiva do espaço e dos objetos. Quanto maiores ficamos, menores se tornam os objetos. Se as pessoas pudessem ver desse modo com relação aos próprios problemas, tudo seria diferente. Quanto mais velhos nos tornamos, mais experiências angariamos, e outros meios para resolver os problemas.

Lembro-me dos momentos em que comecei a avistar a paisagem exterior através da janela. Era interessante contemplar a vista de fora a partir de dentro. Aquela experiência significava emancipação. Estava crescendo, o corpo tornava-se diferente, tinha outros meios para decidir. Contudo, não podia voar. Tinha de obedecer às ordens de meu pai. Ficava na janela a fim de me distrair. Não era uma criança plácida e comportada. Pelo contrário, era inquieto e travesso. Queria descobrir o que havia além. Era como os passarinhos que pulavam de um poleiro a outro sem direção. Ansiava ir mais longe, mas desconhecia o destino. Havia limites bem definidos. Estava dentro de uma gaiola invisível. Tentei, durante muito tempo, sair dela, mas o cansaço e a frustração tomavam conta de mim. A resignação era a atitude mais sensata naquele momento. A vida ensinava que a espera sem expectativas é prática virtuosa.

Se não era possível enxergar a paisagem exterior, não tinha argumentação. No entanto, por meio da travessia do tempo, o envelhecimento me auxiliava a adquirir outras perspectivas. Pensar que poderia ser o que ainda não era gerava um incomensurável esforço. A vida é passagem e não um porto seguro. Antecipar a experiência é um engano. Não sabia disso. Afinal, não me dava conta de quem eu era. Queria ser alguém baseado no que os outros queriam que eu fosse. Corria atrás das imagens que pudessem agradar aos outros. Precisava construir um corpo; mas qual corpo poderia ser satisfatório aos olhos dos outros? Se os outros são muitos, como poderia saber qual a melhor imagem? O meu pai era o foco de minha identificação primária; portanto esforcei-me inicialmente a agradá-lo. No entanto, as grades me angustiavam. Queria a liberdade a qualquer custo. Ninguém aceitava uma criança que não soubesse obedecer às regras do jogo social. Eu era uma criança sensível, frustrada e rebelde. Lutava por meus direitos, mas desconhecia a força da argumentação. Acreditava na força física como possibilidade de mudança e convencimento. Contanto, sofria o amargo gosto da exclusão. Mesmo assim, a obstinação da busca se intensificava. Desconhecia o gosto doce da liberdade porque desconhecia a importância de se ter flexibilidade para com a vida. Quanto mais flexível for o bambu, mais ele se curva ao vento sem o risco de se quebrar. A resistência e a recusa não permitiam o fluxo da transformação. Para ser livre, é preciso saber recomeçar, traçar novas estratégias, criar outros sentidos.

Demorei muito tempo para entender que não vemos o mundo por uma janela. Nós somos o mundo. Pelas portas da percepção, só atravessa o que tem similitude com nós mesmos. O que recusamos enxergar pode ser colocado distante dos olhos, mas nunca longe do coração. A inteligência do coração dá as cartas do jogo do desenvolvimento humano. Recusar o jogo é perder tempo e energia. Sempre seremos conduzidos ao aprendizado que nos permite a vida. Muitos ainda preferem o ruído. Para ouvir os batimentos do próprio coração – *código Morse psicossomático* –, é preciso calma e atenção. Somente pelo silêncio se constrói a grande verdade.

Quando envelheci, pude arrumar as malas e partir. A resposta para as minhas indagações estava na sabedoria da espera da passagem do tempo. Não precisei sair pela janela como imaginava. O tempo me educou a sair pela porta da frente, sem esforço. Nunca senti vontade de olhar para trás.

Após muito tempo, conheci o *Tao-Te King*[3] e aprendi que a não-resistência é a melhor solução para qualquer obstáculo. Percebo atualmente que aprendi muito com a necessidade de liberdade. Tudo o que precisava sempre esteve comigo. Como está escrito no *Tao*:

Sem sair de casa,
Conhece-se o mundo.
Sem olhar pela janela,
Vê-se o Tao do Céu.
Quanto mais longe se vai,
Menos se sabe.

---

[3] Livro célebre chinês do fim do séc. IV a.C.

Por isso o Sábio não precisa viajar
E, no entanto, sabe tudo.
Não precisa ver
E, no entanto, sabe tudo.
Não precisa fazer nada
Para fazer coisas.[4]

As circunstâncias da vida são as instruções que necessitamos. Respeitar o tempo de aprendizagem é um ato de fé. Assim, trilhei a senda de minhas novas aquisições.

A Lua é a janela do céu

Lembramo-nos mais dos acontecimentos com elevada carga emocional do que daqueles que não despertaram tanta emoção. A memória é reforçada ou inibida pelos estímulos emocionais. Apenas guardamos o que tem relevância para nós. Memorizamos o que machuca para nos afastarmos da situação de risco, garantindo a preservação da espécie. Do mesmo modo, buscamos repetir o que nos causa prazer, a fim de prolongar o nosso desenvolvimento na Terra. Portanto, são os significados da experiência que nos fazem ser quem somos.

Minha memória não ficou marcada somente pelo evento anterior; também me recordo de outras experiências relacionadas àquela mesma janela. Nela pude desvelar a força do afeto e me constituir de sensibilidade.

Lembro-me de estar com a minha mãe assistindo ao espetáculo da Lua. Contemplávamos a noite como se contempla um ídolo. Morávamos em uma vila pacata cujo marasmo era privilégio à angústia. Ficávamos ali na janela do quarto durante longo tempo, o suficiente para conversarmos sobre vários assuntos. O tema predileto dela era o passado. Contava-me, com orgulho, sobre a infância difícil, quando ainda morava na roça. Ela tinha um jeito próprio de contar histórias. Gostava dos dramas, comovia-se, sofria com as lembranças. No entanto, alegrava-se com o tempo presente por ser mais generoso. Trazia à tona dificuldades e intransigências do pai cuja ignorância custou-lhe a vida. Morreu por estupidez. Tinha dificuldade em flexibilizar-se com as situações.

[4] LAO-TZU, Tao-Te King, 2002. p. 86.

Não suportava ser contrariado. A desobediência de um cachorro que entrara na igreja no momento da missa de domingo havia sido o estopim de um ataque cardíaco. Ele insistira ao cachorro para que saísse; como não foi obedecido, passou mal. Não resistiu ao infarto fulminante.

Minha mãe sempre contava essa história. Repetia tantas vezes que parecia querer reforçar meu aprendizado, ou talvez acreditasse que a repetição esmaecesse as lembranças. Ela sabia das dificuldades do pai, queria perdoá-lo. Para ela, não era certo reclamar dos pais e dos irmãos. Família era sagrada, precisava ser respeitada, mesmo com falhas. Sempre quis nos educar nos moldes da *família ideal*.

Era uma mulher sensível e ficava comovida nas noites de luar. Sob a Lua liberava um pouco do peso que carregava. Partilhar experiências lhe dava harmonia; porém, os relatos não deixavam de ser tristes. Sendo uma mulher profundamente religiosa, acreditava que aquele momento era preenchido pela superioridade das estrelas e a magnanimidade da lua cheia. Era o momento perfeito para religar laços fraternos. Ela nunca deixou uma noite enluarada passar despercebida aos meus olhos. Tinha o cuidado de deixar aos filhos memórias repletas de beleza e espiritualidade. A intenção era manter uma visão de mundo na qual o triste pode vir com a certeza do sublime. Nessa concepção, ela se inclinava a me deixar um legado de confiança e fé. Porém, sem saber, também me ofertava melancolia.

Nunca deixou o espetáculo das noites iluminadas sem histórias. Envolvida com a magnitude da natureza viva, expunha as lembranças dos momentos da vida sem recursos na roça, da pobreza preenchida pela ingenuidade, do sabor amargo da dúvida. Não sabia se, algum dia, sairia daquele lugar. Criava maneiras de se defender, dizendo que tudo na vida é difícil.

Queria deixar claro que nunca havia passado fome. Para ela, a fome era o grande mal, o perverso da miséria, o absurdo inaceitável. Ela se mostrava tão enfática relatando sobre a infância difícil que eu chegava a intuir que ela tivesse sim passado fome e que não queria deixar lembranças tristes aos filhos. Sempre negou o fato. O máximo que havia sofrido, segundo ela, fora uma noite em que precisou dividir com os irmãos um único pão muxiba com água. O maior sofrimento era ver a mãe sentada ao lado do fogão à lenha, segurando a cabeça como se tudo estivesse perdido. Ter na memória a mãe olhando os filhos famintos que disputavam um pedaço de pão era doloroso. Ela aprendeu com o pai que, quando sentisse fome, deveria dormir mais cedo para esquecer, visto que o outro dia era sempre nova promessa.

Sentia que, sob o manto da Lua, conseguia cicatrizar velhas feridas, de modo que pudesse encontrar esperança para o dia seguinte. Ali, no peitoril da janela, ela assimilava as experiências da vida. Se a lua atravessa ciclos, mudando constantemente de forma, o céu nunca é o mesmo. Assim, a lua representa a transformação e o amadurecimento.

O tempo passou e a vida de minha mãe havia tomado melhores rumos; mesmo assim, a memória não apagara. A passagem do tempo não calou o sofrimento. O perdão não tinha sido elaborado pelo corpo. Talvez, por isso, ela era gorda, tensa e reticente com a vida. Ela não abandonava a idéia de comparar o presente farto com o passado de restrição.

Naquelas noites, o sagrado parecia se manifestar. Minha mãe me ensinava a compreender as tradições populares, os ritos e cultos, sem questionar. A Lua estimulava a memória, era um guia para ela, enquanto eu aprendia acerca dos ritmos da vida. Quase todos da família já tinham falecido. Para ela, todos estavam lá em cima. A Lua era a janela do Céu.

Ela apresentava um estilo subserviente de entender a vida, sem refletir, desconhecia o discernimento. Porém, os relatos não eram desinteressantes ou monótonos. Pelo contrário, sua crença era poderosa, e a nobre participação de Deus poderia explicar tudo. Isso ajudava a construir a minha crença. Ela precisava de justificativas ideológicas para a sua resignação. "Apesar de tudo, estou aqui com o meu filho", dizia orgulhosa.

Ela sempre quis o melhor para os filhos e temia que sua história se repetisse. Não podia aceitar as dificuldades novamente. A retenção do passado continuava a assombrá-la. Por ela ter nascido em berço pobre, não queria constituir sua nova família com insuficiência de recursos. Muitos passos foram dados, e todos ficaram bem marcados na memória. Não suportava pensar na contingência da falta. Isso reforçava o medo da carência, o que aumentava a tensão no seu corpo. Engordava a fim de manter as reservas para um dia de escassez. A pressão arterial era cada vez mais alta, sinalizando o conflito sem solução. Ela tentava fugir das ameaças ilusórias, padecia com as expectativas, exagerava nas defesas, vivia sob pressão por não saber como resolver o passado, como também o futuro que ainda não havia chegado. O corpo se construía à opção feita por ela e padecia. A escolha não era deliberada. Nem toda escolha surge pelo ato consciente. Naquela época, não sabia como ajudá-la; padecia junto sem saber por quê.

O sofrimento assumia o meu corpo silenciosamente, e eu também engordava. Ela achava que eu tinha de comer muito para ser saudável. O modelo de saúde era ser gordo e corado. A alimentação dos filhos se fundamentava na escassez da infância dela. Se ela fosse capaz de perdoar o passado, compreenderia, podendo recomeçar de outro modo. Porém, infelizmente, ela não logrou esse entendimento. O medo da falta era maior. Por isso, não deixava de fazer sua "fezinha" no jogo do bicho e na loteria esportiva. Costumava dizer: "Quem sabe, um dia, eu acerto, e tudo será diferente?" Acreditava que a solução estava no lado de fora da janela, na Lua e nas estrelas. Não pensava na construção do destino com as próprias mãos. Deus era maior, por isso tinha de obedecer aos desígnios Dele. Quem sabe, um dia, Ele mudasse de idéia? Todavia, não foi assim que aconteceu. Ela continuou elucubrando o futuro, sempre preocupada. Antecipar acontecimentos era prática comum. Ela tentava controlar tudo de tal maneira que chegava a respirar superficialmente. Sentia dores no peito, azia e prisão de ventre. Quanto mais se sentia mal, mais comia. Dizia que comia sem ver: "Eu como de nervoso". Todos os sintomas mostravam que ela tinha de seguir uma nova direção na vida. Acaso soubesse que o futuro era inexistente, talvez tivesse sido mais tranqüila. Porém, para ela, abandonar o controle era largar a própria vida.

Recordo-me de ela dizer que, quando eu crescesse, casasse e fosse embora, sempre se lembraria de mim em noites de grande beleza como aquelas. As nuvens iluminadas e as estrelas pulsantes seriam um marco eterno. Ela parecia ter voz de poeta, ao mesmo tempo em que eu percebia, naquelas palavras, o medo dela em ser abandonada. Nunca soube o porquê. Do mesmo modo que olhar para o céu era sentir o inexprimível, tentar entendê-la era impossível. A mente dela era inviolável. Contudo, aprendi, a partir daqueles momentos, algo muito especial, a força do afeto.

O afeto é uma representação sutil que a linguagem não consegue definir. Por isso, o simples se torna inefável, e o desconhecido passa a ter significado irredutível. Naqueles momentos, sentia o afeto transitando por entre o meu corpo e o de minha mãe. Aprendia a ver o mundo pela ótica da sensibilidade. Porém, sem me conhecer, não poderia dar valor ao conhecido. Sentia que o meu corpo estava em cena e tudo surgia dele, para depois o mundo se acender aos meus sentidos. Essa compreensão não era consciente, e sim dependente do corpo. Lembro-me de me emocionar, chegando às lágrimas, quando a luz do luar atravessava as nuvens do céu escuro. Aos poucos, comecei a valorizar o meu corpo, pois sentia que ele era um manancial de experiências e memórias. Quando tomei ciência disso, comecei a emagrecer.

Mesmo que a dimensão das estrelas seja inconcebível ao intelecto, não o é para o coração sensível. Tal sensibilidade herdada propiciava-me tecer uma trama singular. Palavras, gestos, imagens construíam perspectivas para a minha vida. Cada pequeno fragmento daquele tempo tomava forma dentro de mim. Não podia ser o mesmo depois daquelas experiências. Ninguém é o mesmo após um aprendizado. Aprender é viajar, atravessar o tempo e obter uma nova constituição. O meu mundo interno se modificava, passava a querer desvelar as faces do oculto, a dinâmica do incompreensível.

Como criança, pouco sabia. Entretanto, ser criança tem suas vantagens. Quando somos crianças, deixamos o corpo sentir, sem julgar a sensação. Assim, as sensações se tornam puras, límpidas, transparentes.

As crianças também possuem teorias, pressupostos, indagações. Seria insuficiente compreender a vida apenas por intermédio de minha mãe. Por muitos anos, acreditei que ela tinha suas limitações, não podia me facilitar o aprendizado. Estava completamente enganado. Atualmente sei que o aprendizado não se adquire somente pela atenção intelectiva, mas, principalmente, pela força do afeto. O afeto é intangível, porém *afeta* o corpo de tal modo que o transforma.

Naquelas noites, o questionamento que fazia era "o que seria quando crescesse", "quem eu seria", como se ainda não fosse alguém. Quando sistematizo aqui essas imagens mentais, verifico que eu não sou diferente do que era quando estava sob o poder da Lua. Posso compreender muito bem agora, pois, se a Lua é o reflexo do sol, o *eu-adulto* é apenas o reflexo do *eu-criança.*

Sem dúvida, as perspectivas mudaram, o espaço contraído se expandiu, e o peitoril da janela se tornou menor em relação ao meu corpo que cresceu. Contudo, a minha essência é a mesma. Ela é única. Isso reforça a idéia de que somos como o rio. Da nascente até a foz, ele é o mesmo rio, porém com ritmos diferentes, devido aos obstáculos com os quais se depara durante o seu curso.

Se nós somos únicos, por que continuamos a fragmentar tudo? Vivemos sob o domínio das leis da oposição, classificação, comparação. Somos escravos da linguagem linear. Acreditar que o apropriado seja separar o bom do ruim, o dentro do fora, o longe do perto, o certo do errado, e assim por diante, é estar pela metade. Quando separamos, não podemos ser íntegros. O erro está na falta que passa a nos possuir. Por isso, criamos mentiras para viver. Acreditar na ilusão da separação é deixar de deslumbrar a integralidade do ser, é acreditar somente no reflexo do espelho. A parte visível é insuficiente para responder a todas as indagações. Somos muito mais que o reflexo de nós mesmos. Carregamos conosco todos os pares de opostos. A beleza pressupõe feiúra, riqueza pressupõe pobreza, velhice pressupõe juventude, e assim por diante. O pensamento conceitual é classificatório, fragmentador, disjuntivo. Nem tudo precisa ser conceituado, denominado, definido. O afeto, principalmente, não deve ser traduzido para não perder sua potência. Etimologicamente, a palavra *traduzir* possui a mesma origem da palavra *trair*. Então, tentar traduzir uma experiência de afeto é trair os próprios sentimentos. Se nós somos mais do que a soma de nossas partes, somos múltiplos em nossa unidade. É preciso ir à procura da integralidade a fim de obter a paz.

Segundo o Evangelho de Tomé (Logion 22), quando Jesus viu algumas crianças sendo amamentadas, disse aos discípulos: "Esses pequeninos que mamam são como aqueles que entram no Reino". Então, os discípulos perguntaram: "Nós também, como crianças, entraremos no Reino?" Jesus respondeu-lhes:

> Quando de dois fizerdes Um e quando transformardes o interior como o exterior, o exterior como o interior; o acima como o embaixo, e quando fizerdes o masculino e o feminino um Único ser, de forma que o masculino não seja um macho nem o feminino uma fêmea; e quando formardes olhos em lugar de um olho, uma mão em lugar de uma mão, um pé em lugar de um pé e uma imagem em lugar de uma imagem, então, entrareis no Reino!

Atualmente não tenho mais a parte visível de minha mãe. Ela se foi junto ao vento. Não resistiu à própria intransigência, e, como o pai dela, o coração quebrou. Se há vida após a morte, não posso afirmar. Do mesmo modo, não posso aceitar, sem criticar, a idéia de mundo proposto por uma ciência sem consciência. Uma ciência cujas fórmulas matemáticas fornecem comprovações absolutas a respeito do espaço e do tempo. Se a minha compreensão estivesse fundamentada somente nesse conhecimento, teria de dar um jeito de atravessar a janela. Infelizmente, a janela da ciência mecanicista olha o mundo de dentro para fora, onde tudo o que ocorre do lado de lá está longe do observador, não lhe pertencendo.

A minha mente é um universo repleto de sentimentos verdadeiros. Estes se transformam em emoção no corpo. Se tudo o que habita o meu corpo é vivo, cada evento passado continua a possuir vida. Se eu sinto o pulsar das células em meus relatos, é porque eles têm presença e força. Portanto, eles me fazem ser quem sou. A integralidade está nesse ponto; ou seja, na vibração do emocionar-se.

Se o sentimento verdadeiro é vivo e subjetivo, ele não precisa ser descrito por conceitos estanques. Portanto, acreditar na mística lunar que me banhava de conhecimento nas noites claras de lua cheia é uma idéia viva que carrego comigo. Minha mãe conseguiu deixar em mim a marca do divino, corroborando minha crença no mistério da vida, na magia da transformação. Por isso, acredito que sou mais do que o meu reflexo no espelho. O que vejo é somente o meu olhar e não a minha totalidade. Mudamos porque vivemos. Por assim dizer, o meu reflexo no espelho muda porque sou dinâmico. Enfim, enquanto a Lua continuar a desaparecer no céu infinito para ressurgir do nada, posso ter a esperança de dias vindouros.

A mente em questão

Se nós somos seres que necessitam da mudança para aprender a ser, será que podemos compreender a nós mesmos com o que temos para compreender? Será que evoluímos o suficiente para atingir o grande enigma que é saber acerca de nós mesmos?

Sentir a nós mesmos é compreender que pertencemos ao espaço e ao tempo. Somos o espaço que habitamos e o tempo que vivenciamos. Sabemos disso porque podemos ter noção de nós mesmos. Se eu não soubesse que sou eu a pensar o que penso, não teria condições de saber quem pensa. Pode parecer estranho, mas, quando estamos muito envolvidos em determinadas atividades, perdemos a noção de quem as está realizando. Passamos a valorizar mais a tarefa em si e a nos preocupar com a opinião alheia, esquecendo quem realiza a atividade. Quando sei quem sou porque sei que estou aqui pensando e escrevendo estas linhas, não me perco de vista. Pode parecer simples, mas não é. Mesmo que eu saiba que estou aqui completamente livre no modo que penso e escrevo, a escolha não é totalmente minha. O meu livre-arbítrio é também dependente de fenômenos pelos quais não consigo acessar conscientemente, visto que sou formado por várias influências. Só podemos escolher a partir daquilo que somos. Ou seja, carregamos muito mais do que a presença de estar aqui e agora. Carregamos também as escolhas do passado, cada qual bem marcada nas células do corpo. Se eu escolho a partir do que sou, e se sou muito mais do que posso saber quem sou, então a liberdade está além de meu desejo de ser livre. Em suma, sou um prisioneiro de minhas decisões passadas. Não quero dizer que não posso alcançar a liberdade, pois ela não reside no âmbito do *fazer* o que se quer, e sim no âmbito do *querer* uma coisa ou outra. Só temos escolhas verdadeiras quando nos permitimos saber quem as deseja. Porém, se somos mais do que podemos saber, qual o objetivo de querer alcançar o conhecimento de quem somos? Simplesmente para ser livre. E isso é uma escolha individual. O desejo de obter tal conhecimento parte dessa premissa. Portanto, para ser livre, é necessário que haja a mente. Sem ela a liberdade se perde no labirinto da não-escolha. Como eu poderia compreender as estrelas e a companhia de minha mãe se eu não tivesse uma mente? Não compreenderia minha relação com ela, tampouco sentiria a força do afeto. A emoção é uma expressão do corpo. Porém o afeto não poderia ter significado para mim se não pudesse ter a noção de sua existência. Então a mente está no corpo? O que é a mente? Por que a mente é um grande mistério?

Se toda experiência pressupõe a existência da mente, esta não é a razão, o intelecto, ou uma atividade cerebral complexa. Ela é muito mais do que isso. A mente "é a essência de se estar vivo".[5] Viver é um processo cognitivo consciente e não-consciente. Para se estar vivo, é necessário o aprendizado, a memória, a elaboração dos conteúdos adquiridos pelas sensações. Por isso, viver

---

[5] BATESON, Gregory in CAPRA, Fritjof, 1995, p. 70.

subentende-se estar em relação. Compartilhar a mente é uma oportunidade de participar da rede de conversação, é estar na linguagem. Quando trocamos nossos conteúdos mentais com os outros, complementamos o aprendizado deles e o nosso próprio. Isso reforça os laços de relação e a habilidade do viver junto. Ou seja, mantemos a vida porque convivemos. Sem mensagens, não há codificação e, por conseguinte, não há adaptação. O ser humano, como qualquer outro ser vivo, é capaz de viver quando consegue se adaptar ao meio. A adaptação é alcançada quando se consegue coordenar mutuamente os fluxos de comportamento. Em suma, viver é uma atividade cognitiva e, portanto, mental.

Muito antes de os seres vivos desenvolverem um cérebro, já havia a mente. Então, podemos dizer que a mente não depende de um cérebro para existir. Por exemplo, um paramécio – um animal unicelular – não possui um sistema nervoso, e, mesmo assim, ele pode se movimentar em direção ao alimento, afastar-se de um risco iminente, ultrapassar obstáculos e ainda aprender com a experiência.[6] Pode parecer estranho que um animal dotado de uma única célula – que nem mesmo é um neurônio – consiga se comportar dessa maneira. Porém, se ele não fosse capaz disso, não poderia viver. Portanto, o paramécio é um animal dotado de mente.

Há mais de três bilhões de anos na superfície da Terra, a dança molecular teve o seu início. As moléculas foram capazes, pela relação, de se multiplicar, evoluindo para o que somos hoje. Em uma seqüência complexa as diversas moléculas puderam interagir e, por meio de reações, foram capazes de produzir cópias de si mesmas. Repetidos milhões de vezes por bilhões de anos, produziu-se a forma tridimensional de cada organismo. Essa forma material se tornou um meio viável para a sua própria compreensão. Desde então, o significado passou a ser essencial para os sistemas vivos. Por meio dele, todo organismo aprende a ser responsável pela própria trajetória evolutiva.

Responsabilidade é a habilidade de responder às demandas do meio. Portanto, ser responsável é ter a capacidade de agir no mundo de modo a obter o aprendizado que sustente a própria vida. Todo ato responsável é um ato mental. Os seres humanos não são os únicos seres responsáveis, a fim de manter sua trajetória evolutiva. O propósito de todo ser vivo é preservar sua

---

[6] PENROSE, Roger, 1998.

espécie. Para conseguirem atingir esse propósito, precisam ser responsáveis. Cada espécime possui um modo específico de responder. Por exemplo, a polinização das flores realizada pelas abelhas nada mais é do que uma resposta dessas flores, que usam a ajuda das abelhas, para preservar a própria espécie. Todo ser vivo – por intermédio de sua estrutura, cor, cheiro, som, movimento – possui características particulares de ter responsabilidade.

Os seres vivos não precisam de um cérebro para possuir mente. O que nos diferencia de outros seres vivos é o desenvolvimento de nossos cérebros. Isso significa que, em decorrência da evolução do cérebro, fomos ofertados com a autoconsciência. Isso significa que podemos questionar acerca de nós mesmos, da existência e de nosso destino. Perscrutar mistérios, interpretar eventos, construir histórias. Não quero dizer com isso que somos superiores em relação aos outros seres vivos. Ainda não temos o conhecimento de como um escorpião percebe a si mesmo para ser capaz de diferenciar o que é ele e o que é o mundo externo. Sem o processo de diferenciação, nenhum animal seria capaz de movimentar-se no espaço.

O antropocentrismo se tornou um problema para a nossa espécie. Pelo fato de o humano acreditar ser hierarquicamente dominante, ele destruiu e continua destruindo as outras espécies ao seu bel-prazer. O humano é autônomo, mas, por ser vivo, sua autonomia se baseia na dependência de outros seres vivos. Sem estar na rede de conversação, não há possibilidade de manter o aprendizado e, conseqüentemente, a vida. Isolados em nossos egos, morremos pela ignorância de conhecimento. Sem solidariedade, não há existência.

Por uma perspectiva cósmica não somos diferentes dos escorpiões, ou mesmo dos paramécios. Somos todos necessários para eco-organização. São as interações que formam essa organização. Todo ser vivo tem meta a cumprir. E cada um tem a responsabilidade de estar em relação com os outros. Essa responsabilidade se torna generosidade em âmbito planetário.

Na trilha da mente humana

A mente sempre foi uma das grandes questões provocativas aos filósofos, psicólogos, neurocientistas, biólogos, físicos, religiosos. A mente é fonte inesgotável de perguntas sem respostas unívocas. Apesar de ter sido abordada por múltiplas perspectivas, ainda é um mistério. Por que conhecer a mente? Por que querer desvendar esse mistério? A resposta é simples: porque somos curiosos. Queremos saber quem somos para manter a dinâmica de nossas vidas.

A mente continua sendo uma fronteira intransponível. Várias teorias são despejadas a cada semana em revistas científicas e também populares. Muitos acreditam que o materialismo reducionista já tem respostas suficientes para explicar a mente. Contudo, a mente, na opinião dos cientistas mais célebres, continua sendo indevassada.

Não há como entender a mente pelo mecanicismo simples, nem tampouco aceitar que a mente é povoada por espíritos ou forças celestes como era compreendido antes do século XVII. Não temos um corpo habitado por uma alma, porque ela não está *dentro* do corpo. Simplesmente somos um corpo que interage com o mundo. Isso não quer dizer que não temos alma. Se a alma é imaterial, não podemos localizá-la no espaço físico. Portanto, as teorias materialistas não podem explicá-la.

O problema mente-corpo ou *problema ontológico* (como as coisas existem e a sua natureza essencial), como denominam os filósofos, é a fronteira a ser cruzada. Existem teorias que afirmam que a mente é produto do cérebro, outras, que ela não é localizada, portanto está em toda parte e em parte alguma, como abordada pela teoria quântica.

John Horgan[7] cunhou o termo *ciência irônica* para designar a ciência que nunca alcança alicerces sólidos na realidade para explicar certos fenômenos. A ciência irônica é especulativa, assemelhando-se à crítica literária ou à filosofia. Segundo Horgan, ela aparece também nas ciências exatas como a física, a química, a astronomia. Ele nos dá um exemplo, a teoria da existência de mundos além do nosso. As pessoas especulam essa possibilidade, porém sem comprovações científicas.

A ciência irônica surge com mais intensidade nas áreas de estudo da mente. Na minha opinião, ela não deve ser vista com menos importância, pois acrescenta idéias que poderão fomentar outras teorias. Se tudo é importante na construção do conhecimento, devemos considerar essas especulações como

[7] HORGAN, John, 1998 e 2002.

trilhas que não sabemos aonde vai dar. Mesmo assim, todo caminho tem um sentido. Sabemos que, para alcançar algo, é preciso dar o primeiro passo. É assim que andamos em direção às estruturas conceituais. As teorias científicas são *insights*, um modo de ver o mundo. Isso não quer dizer que o mundo seja de fato o que acreditamos que ele seja. David Bohm acrescenta:

> O que impede os *insights* teóricos de avançar além das limitações existentes, transformando-se para ir ao encontro de novos fatos, é justamente a crença de que as teorias proporcionam um verdadeiro conhecimento da realidade.[8]

Como disse, a curiosidade instiga a procura, a angústia do desconhecido gera movimento e, por conseguinte, a possibilidade de nos manter na dinâmica da vida. Quem não aceita a dúvida não se move. A dúvida proporciona inquietação, fomenta o desejo de continuar a busca e, conseqüentemente, preservar a vida. Se soubéssemos de tudo, não teríamos desejo, movimento, interesse em solucionar o insondável. O oculto nos fascina porque somos o próprio oculto. É na ausência que a vida vale a pena ser vivida. A idéia da morte pode nos angustiar, porém, sem ela, não teríamos vontade de viver. Como assinala André Comte-Sponville: "A vida só vale por suas lacunas, a vida só vale pela morte".[9]

Nunca chegaremos ao conhecimento supremo, apenas atingimos uma aproximação dele. A verdade absoluta é a não-verdade. É pelas verdades relativas que formamos o nosso mundo fenomenal. Portanto, a ciência é somente um meio de juntar alguns fragmentos desse mundo. Existem outras maneiras de interpretar o mundo que não seja pelo conhecimento científico. Temos a poesia, a arte, a religião. Nenhuma interpretação é melhor do que outra. Ken Wilber acrescenta:

> A ciência não é uma concepção privilegiada do mundo, mas apenas uma entre as muitas interpretações equivalentes. A ciência não oferece "verdade", mas simplesmente sua própria reivindicação favorita. A ciência não é um conjunto de fatos universais, mas apenas uma posição arbitrária de seus próprios impulsos de poder. E, em todos os casos, a ciência não está mais ancorada na

[8] BOHM, David, 1998, p. 26

[9] COMTE-SPONVILLE, André, 2000, p. 30.

> realidade de qualquer outra interpretação, de forma que, epistemologicamente falando, há pouca diferença entre ciência e poesia, lógica e literatura, história e mitologia, fato e ficção.[10]

Todos os meios são fragmentos que nos instigam a continuar na vereda do aprendizado. E se viver é aprender, continuaremos vivos enquanto tivermos a capacidade de adquirir novos conhecimentos.

A seguir, discutirei algumas teorias interessantes desenvolvidas por pensadores e cientistas que insistem em compreender a mente.

No passado, vários estudos e experimentos foram realizados com o objetivo de desvelar esse mistério. Porém, a compreensão da natureza intrínseca da mente continua obscura, e questões profundas sem respostas aguardam por soluções. Unir conhecimentos da filosofia, psicologia, neurociências, religião, arte, literatura, poesia é o que nos encoraja a continuar à procura de respostas. Portanto, para partirmos de um ponto, nada é mais válido do que conhecer o caminho percorrido pelos incansáveis estudiosos da mente. Nessa jornada sem fim, todas as contribuições foram importantes; mesmo as mais absurdas tiveram o seu valor, no sentido de auxiliar em novas formas de pensar o tema. Para começar, é importante saber que todas as teorias da mente se basearam em duas visões fundamentais: as *teorias dualistas* e as *teorias materialistas.*

Teorias dualistas

As teorias dualistas afirmam que a mente é algo que surge de um fenômeno de natureza essencialmente não-físico[11]. Apesar de estarem associadas, as ciências da mente não são iguais às ciências do cérebro.

Essa teoria não é a mais defendida pelos cientistas contemporâneos, pois a ciência se fundamenta na objetividade, no caráter materialista, no comportamento observável. Porém, ela é amplamente difundida pelo senso comum, principalmente devido à influência da herança religiosa. A crença em algo que transcende a substância material é o esteio para a vida de muitos.

---

[10] WILBER, Ken, 2001, p. 25.

[11] CHURCHLAND, Paul, 2004.

Esse modo de pensar teve um grande precursor, o filósofo e matemático francês René Descartes (1596-1650). Ele fez mais do que qualquer outro para apresentar uma explicação sobre o dualismo mente (alma) e corpo (matéria), de modo que grande parte da cultura moderna se fundamenta nesse paradigma.

Descartes teve uma infância vulnerável com saúde frágil. Era o segundo filho de uma família de posses. Perdeu a mãe quando tinha um ano de idade, sendo criado pela avó e por uma babá. Ele só veio a ter boa saúde a partir dos 20 anos. Não tinha muito interesse pelo estudo escolar. O que ele mais apreciava era "meditar"; ficava até tarde na cama. Perdia as aulas da manhã e usava a desculpa de sua saúde ruim. Mesmo assim, ele conseguiu fazer o curso e conclui-lo sem dificuldades, pois era inteligente e habilidoso. Descartes sempre fora um homem muito religioso e manteve sua fé católica até morrer, em 1650. Muitos acreditam que sua morte foi devido ao frio severo de Estocolmo. Ele havia aceitado o convite da rainha Cristina da Suécia para ser o seu preceptor pessoal de filosofia. Porém, ele tinha de levantar cedo, antes das cinco horas da manhã. Não estava acostumado com aquela rotina, e o frio intenso culminou no desenvolvimento de uma pneumonia. Ele se automedicava com vinho aromatizado e tabaco para induzir o vômito. Mesmo assim, não resistiu à doença fatal.

Descartes era um homem inquieto e fundamentado em seu racionalismo crítico, adquirido pela formação jesuíta. Queria descobrir o conhecimento indubitável. Destacava a razão humana como suprema, capaz de distinguir a verdade metafísica e de obter a compreensão segura do conhecimento científico do mundo material.

Ele propôs que a mente era derivada de uma substância sem extensão, com uma característica especial, o *cogito*. A alma era entendida como o espírito da consciência humana. Nesse sentido, os animais não-humanos não tinham alma porque não podiam pensar; eram como máquinas autômatas. O corpo humano, similarmente, era considerado uma máquina, explicada por leis matemáticas. Porém, não era visto como uma máquina qualquer, mas dotada de perfeição, uma vez que tinha sido obra das mãos de Deus. Para ele, uma substância não dependia de outra para poder existir. Se o corpo e a mente são dois domínios paralelos, porém distintos, não podia existir nada no conceito de corpo que pertencesse à mente, e nada na idéia de mente que pertencesse ao corpo. Assim, enquanto o corpo era matéria perecível, a mente poderia ser compreendida como alma indestrutível.

O *dualismo cartesiano* ganhou crédito e reforço pela igreja, tendo um efeito profundo no pensamento ocidental até os nossos dias. A argumentação religiosa é contundente, sendo inconcebível pensar na morte como o fim de tudo. A maioria das pessoas acredita que, quando morrer, o corpo se extinguirá, mas permanecerá uma substância, a alma livre e imortal. Para a maior parte dessas pessoas, existe um Deus onipotente e onisciente que governa o mundo e orienta a mente delas.

Descartes, baseado na formação religiosa, queria provar a existência de Deus. Argumentou que, se ele tinha o privilégio de ter na mente a idéia de Deus, então essa idéia não poderia proceder do nada, nem tampouco dele mesmo, que era um ser finito e incompleto. Portanto, a idéia da existência de Deus tinha de ter sido posta na mente dele por um ente superior que tudo sabe. Se ele tinha a perfeição dessa idéia, era porque Deus existia. Descartes argumentava que tudo poderia ser falso, exceto a existência dele mesmo. Essa certeza era indubitável, e ninguém poderia quebrantá-la. Ele partia do pressuposto que, se ele pensava, logo existia (*cogito, ergo sum*). De modo similar, se ele podia ter na mente a idéia de um ente perfeito, logo Deus também existia.

O idealismo cartesiano denota que o homem pode elevar-se intelectualmente até Deus. Esse raciocínio não deveria causar estranheza visto que Deus havia criado o homem à sua imagem e semelhança. Em suma, cada pessoa carrega em si a marca *impressa da obra divina*.

Outra questão a ser respondida era: como a mente de natureza não-física poderia interagir com a matéria física? Essa pergunta já denotava a questão ontológica do problema mente-corpo. Para Descartes, não foi difícil responder. Ele afirmava haver no cérebro uma glândula muito pequena – a pineal – que fazia a ponte entre a mente e o corpo. A argumentação se fundamentava principalmente no fato de a glândula pineal ser ímpar e estar no centro do cérebro, enquanto todas as outras regiões do cérebro se constituíam em pares. Ele acreditava, por exemplo, que a impressão captada pelos dois olhos formava duas imagens. Para que a representação da imagem fosse única em vez de duas imagens – o que causaria confusão –, deveria existir um local no cérebro que pudesse juntar as duas impressões em uma antes de chegar à alma.

Então, elas se reuniam nessa glândula por meio dos espíritos animais, que preenchem as cavidades do cérebro, para formar apenas uma impressão. Esses espíritos, junto com os nervos e o sangue, poderiam também ser espalhados pelo corpo-máquina, entrando de diversas maneiras nos músculos. Essa era a explicação cartesiana para o movimento do corpo humano. A ação da alma provocava o desejo de querer alguma coisa, estimulando a glândula pineal a se contorcer de modo a produzir o efeito que se relaciona com esse desejo.

É possível perceber que as teorias modernas continuam a se referir ao mecanicismo cartesiano. Obviamente, os pesquisadores não usam mais os espíritos animais como base de suas explicações. Contudo, continua sendo uma explicação cartesiana de certo modo. Nesse sentido, Descartes construiu uma idéia de mundo que mantemos até os dias de hoje.

Um dos argumentos contra a teoria dualista é que ninguém conseguiu provar cientificamente a vida após a morte. Pode-se dizer que a matéria física existe, porém ninguém pode afirmar, com certeza, se existe a matéria espiritual.

Esse argumento se mantém fortalecido pelo método científico no qual se afirma que um determinado fenômeno, para ser "verdadeiro", necessita de provas que atendam aos pressupostos do método científico. Um desses pressupostos declara que a lei científica é construída a partir da realização de testes experimentais confiáveis, feitos por vários pesquisadores independentes, que confirmem uma hipótese, a fim de explicar o fenômeno. Assim, afirmações da existência de vida após a morte, mundo espiritual, influências de almas desencarnadas são apenas aceitas dentro do contexto da fé, da religião, ou mesmo do senso comum. Porém, essas afirmações não são aceitas pela ciência por não atenderem as exigências dos pressupostos do método. Isso não quer dizer que não sejam "verdade", pois, como disse acima, a "verdade" é relativa e nunca absoluta. Nesse sentido, não cabe julgar a crença alheia. Mesmo porque a crença diz respeito à mente individual e subjetiva. Se algumas pessoas acreditam que isso seja criação da mente, não importa, pois a "verdade" é construída pela mente individual, independentemente da participação da confirmação de outrem.

Não valorizar a própria experiência em prol da confirmação alheia é um aprendizado arraigado na cultura ocidental. Aprendemos a definir o verdadeiro como sendo aquilo que pode ser visto e confirmado pelos outros.

É freqüente observar muitas pessoas que não acreditam nelas mesmas, pedindo a participação do outro para validar a própria experiência. O que essas pessoas talvez não saibam é que a experiência é sempre subjetiva e, portanto, intransferível. Mesmo que elas possam estar juntas participando ativamente da mesma situação, a história será sempre diferente. Nunca relatamos um evento de maneira idêntica. Por isso, costumamos dizer que uma história de vida é sempre de segunda mão. Nunca é possível afirmar, com certeza, se o evento ocorreu da maneira que nos foi relatado. A natureza do "real" parece se esconder aos olhos, deixando-nos livres para criar situações e experiências do modo que quisermos. Aqui reside o livre-arbítrio. Todo estado mental é um estado de *alguém*. É uma questão de primeira pessoa e não de terceira.

Os pressupostos científicos nos deixaram um incômodo legado, a preocupação com a "lei da normalidade". Se uma pessoa sente, mas o outro não legitima a sensação dela, então ela pode não estar sentindo. Ou seja, não é "normal" ter tal sensação se o outro não pode confirmá-la. Com isso, a pessoa se afasta de suas sensações e sentimentos para viver a apreciação do outro. Esse afastamento se torna tão comum que as pessoas não sabem se o que sentem é de fato verdadeiro, sendo apenas as convenções sociais capazes de decidir por elas.

Em resumo, as pessoas deixam de existir como seres subjetivos para serem o que os outros dizem que elas são. Deixam de ter uma subjetividade rica e criadora para viver na identidade social estanque, que nada cria. O impressionante nisso tudo é que os outros tampouco têm uma subjetividade própria. As pessoas construíram a identidade ao longo do tempo, passando aos outros de modo inquestionável. Esse corolário se estende de tal maneira que as pessoas passam a viver como seres autômatos, sem questionar a própria existência.

Se o método científico parte do pressuposto de que devemos ter meios de explicar os fenômenos pela razão, afastar a dúvida, acreditar somente no observável, a fim de estarmos dentro das leis da normalidade, então continuaremos a viver na incerteza. Embora a ciência possa nos dar explicações plausíveis para alguns fenômenos, a grande maioria das experiências vividas por nós não passa pelo crivo da razão.

Por exemplo, em minha qualidade sensorial intransferível, não posso explicar a experiência contemplativa daquelas noites de luar em que vivi junto a minha mãe. Nunca poderei saber a experiência subjetiva dela. Apenas posso levantar hipóteses. Nunca poderei habitar a mente do outro para confirmar o que é visto. Isto é, a representação mental dela será um ponto de incerteza que nunca alcançarei.

Esse é um forte argumento contra a teoria materialista que veremos a seguir. Desse modo, verificamos que a teoria dualista é muito mais difícil de ser refutada do que a teoria materialista. Porém, esta última continua a ser amplamente usada no campo das ciências.

Teorias materialistas

As teorias materialistas da mente afirmam que os processos mentais são meramente processos que surgem dos estados físicos do cérebro[12]. Por essa perspectiva, a mente surge de acordo com *mecanismos neurofisiológicos.* Assim, pensamento, sentimento, vontade, decisão, planejamento são frutos de disparos sinápticos. A mente, portanto, pode ser explicada como resultado do funcionamento dos neurônios de áreas específicas do cérebro. Quando imaginamos uma cena, por exemplo, algumas áreas cerebrais estarão mais ativas do que outras. Atualmente, a teoria materialista ganhou força principalmente devido à tecnologia avançada de aparelhos que observam o cérebro humano *in vivo.* No passado, não se podia saber como o cérebro funcionava, a não ser por meios comparativos entre um estado normal e um estado patológico. Isto é, sabia-se algo sobre a fisiologia quando determinada área do cérebro era lesionada, o que provocava alterações visíveis no comportamento do indivíduo. A maior parte dessas pesquisas experimentais era realizada em animais não-humanos, provocando dor e sofrimento por meio de técnicas invasivas. Infelizmente, as atrocidades com animais não-humanos em laboratórios continuam. Esse quadro é lamentável e inadmissível quando pensamos ser animais humanos dotados de consciência "superior". Não somos superiores, somos só um fio da grande teia cósmica. Infelizmente, a busca do conhecimento do cérebro se tornou mais importante do que a própria vida.

Há muitos anos, são realizados experimentos para a compreensão das diferentes funções do cérebro. Experimentos assustadores eram feitos em

---

[12] CHURCHLAND, Paul M, 2004.

cães e macacos. Por meio da trepanação, cientistas lesionavam áreas selecionadas do córtex cerebral para mostrar que, dependendo do local do dano, poderia se causar paralisia de um membro do lado oposto do corpo do animal.

A trepanação é a prática cirúrgica mais antiga da humanidade. As evidências remontam ao período neolítico. Essa prática consiste na perfuração da superfície do crânio com o objetivo de diminuir a pressão intracraniana. Essa técnica cirúrgica ainda é realizada para casos de hemorragia cerebral pós-traumatismo do crânio. Obviamente a técnica avançou, porém o princípio continua sendo o mesmo.

De acordo com arqueólogos, as trepanações eram usadas também por motivos espirituais e mágicos, tendo a finalidade de liberar maus espíritos que atormentavam suas vítimas. A grande maioria dos crânios perfurados mostrava que a operação era realizada em crânios intactos sem sinais de traumatismos. Evidências mostram que a técnica tinha um cuidado em não lesionar o cérebro; por isso, a dura-máter não era penetrada, apenas um fragmento do osso era extraído. As pessoas acreditavam se sentirem mais felizes e revigoradas após o procedimento. As trepanações eram também utilizadas para tratar enxaqueca, epilepsia e doenças mentais.

No século XIX, muitas tentativas foram realizadas a fim de identificar as funções cerebrais. Os pesquisadores destruíam, estimulavam elétrica, mecânica e quimicamente partes do cérebro. Porém, os resultados eram confusos, sem interpretações elucidativas. O grande problema era que, sem anestesia ou precauções contra infecções, os animais não-humanos não conseguiam sobreviver ao experimento cirúrgico. Ou quando sobreviviam, muitas vezes, as argumentações não eram seguras, pois alguns animais conseguiam se recuperar da lesão. Atualmente sabemos por que razão um dano no cérebro pode ser revertido. Isso ocorre devido à capacidade das redes neurais em modificarem sua estrutura e organização – fenômeno denominado de *neuroplasticidade*. Quando determinada área do cérebro é lesionada, pode ser substituída por outras áreas circunvizinhas a fim de restabelecer a função perdida. Na época, o fenômeno era desconhecido, provocando grandes incertezas acerca dos resultados dos experimentos, como também maiores ruminações científicas.

Embora anatomistas mais antigos já tivessem olhado de perto o cérebro, o primeiro cientista a dividir as regiões cerebrais de acordo com a sua função foi Thomas Willis (1621-1675). Ele foi um professor de Oxford que acreditava que as circunvoluções cerebrais eram a sede da memória, enquanto a substância branca, o centro da imaginação. Ele determinou que o pensamento era completamente separado das funções motoras básicas, como, por exemplo, andar, comer, pegar um objeto. Ele dissecava as partes do cérebro para estudá-las separadamente. Para conseguir isso, ele contou com o auxílio de um alquimista, Robert Boyle, que havia descoberto como conservar órgãos e corpos em álcool puro, o qual denominava de "espírito de vinho". Desse modo, o cérebro, que antes era mole como manteiga, passou a ter uma consistência mais firme como a de um ovo cozido. Assim, Willis podia explorar partes do cérebro, mantidas por vários dias, sem se decomporem. Willis sintetizou todas as experiências feitas por ele e seus colegas no primeiro livro de neurologia – "doutrina dos nervos" – em 1664, intitulado de *Cerebri Anatome*. O livro seria editado 23 vezes, tornando-se leitura obrigatória a todos que quisessem se intitular especialistas em cérebros.

Contudo, o grande proponente da "localização" foi o médico e neuroanatomista alemão Franz Joseph Gall (1757-1828). No fim do século XVIII lançou no âmbito da ciência, a *Frenologia*[13]. Um exemplo típico de ciência irônica. Isso não quer dizer que ela não tenha contribuído para outras descobertas mais relevantes, como veremos adiante. Para a época, ela não foi tão despropositada, tanto é que sobreviveu grande parte do século XIX, existindo alguns adeptos até os nossos dias. É assim que caminha a ciência e suas verdades relativas.

Gall propusera que as saliências do crânio indicavam atributos mentais e traços do caráter do indivíduo. Construiu o "mapa frenológico", no qual relacionava as funções mentais a áreas específicas do cérebro. Ele afirmava que o cérebro não era um órgão único, e sim dividido em 35 órgãos. Mais tarde, ele ampliou esse número e, conseqüentemente, as faculdades mentais. Ele acreditava que o aumento da atividade em determinadas áreas cerebrais produziria bossas no crânio sobrejacente. Por intermédio do mapa frenológico, era possível localizar as regiões do cérebro responsáveis pela amizade, consciência, esperança, confiança, justiça, amor à vida, amor sexual e ao lar, atração pelo vinho, coragem, ambição, patriotismo, curiosidade, espiritualidade, e outras.

---

[13] Palavra formada pelo antepositivo grego prhenós = alma, pensamento, e o pospositivo lógia = ciência.

Isso pode parecer absurdo, porém, atualmente, não é raro encontrarmos reportagens sensacionalistas em revistas populares, as quais relatam que cientistas afirmam ter descoberto áreas cerebrais responsáveis pela felicidade, altruísmo, indecisão feminina, males do vício, timidez e fobia social. O cérebro sempre foi considerado a caixa-preta do corpo humano, por isso se tornou suscetível aos mitos.

A teoria de Gall foi acusada de charlatanismo pelos cientistas, nem tampouco foi bem aceita pela igreja, que não concordava que a mente, criada por Deus, pudesse ter uma sede física no cérebro. Gall entrou em conflito com líderes religiosos e cientistas, tendo de se afastar de Viena. Ele viajou por vários países visitando diversas escolas, hospitais, hospícios, prisões na Alemanha, Suíça, Holanda. Em 1813 mudou-se para a Inglaterra e continuou a divulgar a Frenologia. Em 1928, sofreu um derrame cerebral fatal. O crânio de Gall foi adicionado à sua própria coleção particular, na qual havia mais de 300 crânios humanos para estudo.

O mapa frenológico foi o primeiro modelo de mapeamento do cérebro. Desde então, vários outros modelos foram criados, como o mapa de Brodmann no início do século XX.

Com o auxílio da microscopia, o anatomista alemão Korbinian Brodmann (1868-1918) procurou diferenciar as várias áreas do córtex cerebral fundamentando-se nas estruturas celulares e nas disposições em camadas dessas mesmas células. Ele conseguiu, por meio do método *citoarquitetônico*, distinguir 52 regiões funcionalmente diferenciadas do córtex cerebral. Ele não as classificou por características de personalidade, sentimentos ou caráter, como fez Gall. Ele se referiu principalmente às áreas relacionadas ao comportamento motor, sensorial e cognitivo, numerando cada uma delas.

Brodmann conseguiu expandir seus interesses aos aspectos antropológicos do cérebro. Ele tinha curiosidade em saber as diferenças entre os cérebros das diversas raças. Todavia, ele não teve tempo para desenvolver seus estudos. Apesar de ser um homem forte e aparentemente saudável, morreu aos 49 anos de idade devido à septicemia em decorrência de uma pneumonia.

A descoberta de Brodmann proporcionou muito êxito aos "localizacionistas", deixando à parte a *teoria do campo agregado*[14] na ciência experimental

[14] Teoria que propõe que as funções cerebrais são executadas pelo cérebro como um todo, e não por áreas isoladas.

e na prática clínica. Como a ciência é constituída de pontos de vista, proeminentes neurocientistas não se convenceram, argumentando que os efeitos danosos do cérebro são determinados mais pela extensão do que pela localização da lesão. Talvez o que reforçou o ponto de discordância tivesse sido a herança frustrada deixada pela Frenologia de Gall. De qualquer modo, atualmente, o mapa de Brodmann é ainda usado nas aulas de Neuroanatomia Funcional, sendo considerado verdade inabalável.

Ainda hoje, os estudos são realizados em cérebros que apresentam distúrbios, degenerações ou traumas. As pesquisas estão voltadas ao âmbito do *anormal*. Estuda-se aquilo que não vai bem para tentar compreender como as regiões cerebrais funcionam. Paul Churchland, professor de Filosofia na Universidade da Califórnia, argumenta que o trabalho de investigação funcional merece cautela. Ele escreve:

> A simples correlação entre uma lesão numa área x e a perda de alguma função cognitiva F não significa que a área x desempenha a função F. Significa apenas que alguma parte da área x está geralmente envolvida de alguma forma na execução de F. As estruturas neurais-chave que sustentam F podem estar localizadas em outra parte, ou podem não ser de forma alguma localizáveis, estando distribuídas por amplas áreas do cérebro[15].

Os anos passaram, e os argumentos científicos acerca da localização das funções cerebrais se tornaram cada vez mais fortes. Em 1950, o neurocirurgião de Montreal, Wilder Penfield (1891-1976), usando pequenos eletrodos nas cirurgias cerebrais de pacientes com epilepsia, experimentou estímulos elétricos em áreas do cérebro responsáveis pela linguagem. A fim de não comprometer áreas sadias, os pacientes eram submetidos à anestesia local. Permanecendo acordados, podiam relatar ao cirurgião o que sentiam. Com esse procedimento, Penfield confirmava, diretamente no cérebro vivo, as áreas da linguagem descritas pelos dois renomados neurologistas, quase um século antes, o alemão Carl Wernicke (1848-1905) e o francês Paul Broca (1824-1880).

Empolgado com a descoberta, Penfield iniciou a jornada pelo cérebro com o objetivo de cruzar a fronteira final da neurociência. Ele usou estímulos

[15] CHURCHLAND, Paul M., 2004, p. 227.

elétricos em diversas áreas do córtex cerebral, descobrindo áreas específicas relacionadas ao movimento e às sensações. Quando estimulava o córtex motor, o paciente respondia com movimento, e quando a estimulação era no córtex somatossensorial[16], a pessoa referia sensações nas regiões do corpo correspondentes. A descoberta pareceria mágica.

A partir dessas constatações, ele construiu um mapa topográfico do corpo – o *homúnculo*[17] *de Penfield*. Ele descobria a existência da representação neural do corpo. Cada parte do corpo tinha uma representação diferente, dependendo da importância relativa na percepção sensorial. Ou seja, quanto maior a atividade de uma determinada parte do corpo, maior a representação no cérebro. Desse modo, ele verificou que a face era maior se comparada com a parte posterior da cabeça, o polegar era enorme em relação com outros dedos da mão, enquanto os lábios, mais pronunciados que o nariz. Tudo estava dentro do cérebro, nada existia fora dele.

Muitos questionamentos surgiram a partir dessas constatações, como na discussão que relatei na introdução acerca da pergunta: ao apertar a sua mão, o que você sente? A sensação está na mão ou no cérebro? Para Penfield, o importante era avaliar o cérebro. Se a sensação, de fato, existe somente no cérebro, podemos afirmar que ela é uma experiência do sujeito que a sente. Não cabe a ninguém julgar se a pessoa de fato sente ou não. Mesmo sabendo disso, muitos profissionais ainda desconfiam da "real" sensação do outro.

Respeitando a dor alheia

Como professor universitário, sempre reforcei aos meus alunos o argumento a favor do respeito à dor alheia. Se um doente diz sentir, não cabe a ninguém questionar se a dor é "verdadeira" ou não. Se a pessoa procura um profissional em busca de alívio, cabe a ele considerar o sofrimento independentemente da origem ou intensidade da dor. Há anos, verifico que muitos profissionais se sentem "traídos" pelos pacientes, como se estes mentissem

---

[16] A palavra "somato" é um antepositivo derivado do grego soma que significa corpo. Córtex somatossensorial é a região do cérebro responsável por receber as sensações superficiais e profundas vindas de todo o corpo.

[17] Ser humano em miniatura.

acerca do próprio sofrimento, com o objetivo de angariar ganhos secundários. Os profissionais argumentam que, se porventura não puderem constatar a dor por meio de testes de avaliação clínica, significa que a pessoa não a sente. Se a dor tem caráter subjetivo, não é possível avaliá-la objetivamente. Mesmo porque nem sempre uma sensação desagradável significa dor. Mas por que então os pacientes dizem senti-la? A dor tem vantagens sobre as outras sensações corporais; ela pode ser compreendida por todo mundo. Quem nunca sentiu dor? Essa linguagem é fácil de ser transmitida. Não aprendemos a nos referir às nossas sensações como elas são de fato. Ao querer a opinião do outro para confirmar as sensações subjetivas, é preciso arranjar um modo compreensível de relatá-las. Por exemplo, se uma pessoa sente angústia e disser ao médico que está com algo que a consome o peito devastando a alma, é quase certo que ela não será compreendida. É freqüente observar profissionais que tratam as pessoas sem se importarem com o problema em si. Existe uma preocupação maior com o diagnóstico. A tecnologia avançada dos aparelhos é tão fascinante que manipulá-los se tornou muito mais interessante. Localizar o problema é mais relevante do que saná-lo. Isso se justifica pelo fato de os profissionais serem preparados para ver o que não vai bem. O foco de atenção está na falta, na incapacidade, no distúrbio. O que não pode ser entendido pelas leis mecânicas do materialismo científico não deve ter explicação *lógica*, e o que não pode ser explicado não deve ser levado em consideração.

Como a dúvida não deve ser aceita, tem de existir uma resposta. Então, o que não é constatado em exames clínicos inexiste para a maioria dos profissionais da saúde. Infelizmente, muitos deles acreditam que, se não há motivos plausíveis para a dor, então o problema deve ser considerado de origem *psicológica*. O "psicologismo" é simplório, banal e insensato. A psicologia é área séria e complexa, portanto não deve ser tratada pejorativamente. Esse equívoco é repetido diariamente dentro de clínicas, hospitais, consultórios terapêuticos. Deixar os pacientes à mercê da idéia errônea de que o que sentem nada mais é do que ilusão, mentira, engano, é arbitrário e negligente. Por isso, cada vez mais torna-se comum doentes correrem atrás de um diagnóstico, a fim de justificarem aos outros que o que sentem é verdadeiro.

O materialismo é uma herança deixada a todos nós. Quanto mais nos distanciarmos do humano, maiores os prejuízos e o sofrimento.

A ciência garante que encontrará o elo perdido a fim de desvendar o mistério da mente. Como acreditava Penfield, só será possível saber quem somos quando localizarmos a região do cérebro onde reside a alma. Ele ficou tão entusiasmado com as evidências que devotou toda a vida aos mistérios da mente. Ele pensava poder encontrar a base científica para a existência da alma humana ao investigar as profundezas do cérebro. Se encontrasse respostas para suas indagações, conseguiria fazer do mundo um lugar melhor. Não resta dúvida de que alguns cientistas ainda pensam assim. Querem, com seus estudos, melhorar a qualidade de vida das pessoas. Em contrapartida, muitos querem mesmo é sustentar a própria vaidade.

Penfield não obteve êxito em descobrir a base cientifica para a alma humana, porque o método científico não sustentou a tamanha complexidade do que é ser humano. Gente não se mede, muito menos se podem quantificar as experiências subjetivas de *alguém*.

Mesmo assim, Penfield conseguiu grandes conquistas, deixando marcas na história da neurociência. Ele faleceu aos 85 anos, três semanas após completar o rascunho de sua autobiografia *No man alone: a surgeons life*. O livro foi publicado um ano após sua morte.

Medidas da atividade do cérebro

A idéia de mapear o cérebro não parou por aí. Atualmente, por meio de modernos aparelhos que medem o fluxo de atividade cerebral, como a Imagem de Ressonância Magnética Funcional (fMRI) e a Tomografia por Emissão de Pósitrons (PET), podem-se mapear áreas cerebrais em atividade. Com a ajuda de material radioativo, sinais de radiofreqüência propiciam uma visão do incremento do fluxo sanguíneo na região do cérebro que está em atividade. Por exemplo, se eu vejo maçãs vermelhas caírem no chão, áreas de meu córtex visual se enchem de sangue, mais do que em outras áreas. Semelhante ao músculo, o cérebro necessita de oxigênio e glicose para o seu funcionamento ideal. Por meio da PET e fMRI, os cientistas acreditam que poderão construir mapas funcionais do cérebro, sendo agora denominados de Mapas de Imageamento da Atividade Neural.

Na tentativa de entender a mente, os pesquisadores continuam a usar o sacrifício de animais não-humanos. Em algumas universidades americanas, são realizados experimentos assustadores com macacos, injetando substâncias químicas radioativas que auxiliam no metabolismo de glicose. Após injetar radioisótopos no organismo dos macacos, eles são obrigados a desempenhar determinadas tarefas. Logo em seguida, são sacrificados, e seus cérebros rapidamente congelados. Com a utilização de uma máquina, parecida com cortadores de frios, os cérebros são fatiados em lâminas transparentes. Posteriormente essas lâminas são analisadas por uma técnica que fornece as mesmas informações que a PET. São medidos os níveis radioativos em diferentes partes do cérebro, a fim de determinar quais as regiões que melhor contribuíram na tarefa proposta antes da morte deles.[18]

Será que estamos repetindo o modelo frenológico de Gall? Tudo indica que sim, pois o comportamento humano é mais complexo que suas funções cerebrais. A objetividade é vista pela lente dos instrumentos construídos pelos próprios cientistas. É por isso que a subjetividade é a pedra no sapato dos materialistas. A característica subjetiva da mente humana é incompatível com os aparelhos de tecnologia avançada. A visão que eles têm do mundo acaba sendo uma visão somente objetiva. Quando a subjetividade é retirada de cena das pesquisas do cérebro, o que sobra é aquilo que não é humano. Não obstante, existem pesquisadores que vão mais longe quando afirmam ter encontrado a região dos maus pensamentos apenas porque foi possível observar, nos exames de PET, pontos vermelhos na região pré-frontal do cérebro, ou mesmo que determinada região do cérebro apresentou diferenças quando a pessoa pesquisada teve sentimentos de felicidade, amor, ternura, e assim por diante. Isso nada mais é do que frenologia moderna.

Onde está o cérebro de Einstein?

Em 1955, o médico patologista americano Thomas S. Harvey teve uma idéia irreverente: estudar o cérebro *pós-morten* do físico Albert Einstein que morrera em abril daquele mesmo ano. Para ele, deveria haver algo diferente

---

[18] HORGAN, John, 2002.

naquela estrutura que pudesse justificar a genialidade e sabedoria de um dos maiores cientistas de nosso tempo.

O audacioso Harvey conseguiu convencer a família de Einstein a remover o órgão antes de cremar o resto do corpo. A família autorizou que fosse retirado somente o cérebro, nada mais. Muitos acreditam que nunca foi encontrada nenhuma declaração que confirmasse a versão do médico. Para essas pessoas, Harvey afanou sim o cérebro de Einstein. O que todos dizem é que ele foi o primeiro a colocar as mãos na superfície do cérebro do físico, retirando-o com a ajuda de uma cunha de metal, e rapidamente o repartindo em 200 partes. Colocou os pedaços em recipientes de vidro transparente com formol. Ele quis dividir sua idéia com outros pesquisadores, e assim o fez; distribuiu pedaços para diversas universidades dos Estados Unidos. Até em Osaka, no Japão, foi parar um dos pedaços. A maior parte do órgão se encontra hoje na Universidade de Princeton, onde Einstein fez parte do quadro de cientistas.

O objetivo de pesquisar o cérebro de Einstein justifica-se pelo pensamento materialista, no qual tudo pode ser explicado pelo reducionismo científico. Quem imagina que, nos pedaços do cérebro, pode ser encontrada a história de alguém não sabe montar o quebra-cabeça. O que poderia haver de diferente no cérebro de Einstein que não existe em um cérebro "normal" (incluindo o meu e o seu. Se é que temos cérebros *normais*)? Entranhas, sulcos e formatos maiores ou menores. Os pesquisadores especularam – é necessário justificar os gastos de verbas para uma pesquisa – que o cérebro do gênio tem algumas diferenças, como o lobo parietal 15% maior do que o convencional, o que poderia explicar a capacidade de representar tridimensionalmente as idéias, como também maior facilidade para desenvolver o pensamento matemático. Outra descoberta foi a de que Einstein não apresentava o sulco que divide as metades do lobo parietal, o que facilitaria as passagens de impulsos nervosos. Até hoje nenhuma dessas respostas foi concludente.

Resumindo, o que eles encontraram? A resposta é simples: nada. Todos os seres humanos têm cérebros semelhantes, salvo algumas pequenas diferenças como formato, peso, tamanho. O cérebro de um gênio é semelhante ao de um não-gênio. O que faz alguém ser um gênio não é ter uma massa cerebral diferente. Como alguém poderia pensar nisso? Muita gente. Ironicamente o próprio Einstein dizia: "Nem tudo o que importa pode ser medido. Nem tudo o que pode ser medido importa." Infelizmente, ainda atravessamos a era do materialismo simples, que afirma que os fenômenos da mente podem ser reduzidos a fenômenos físicos.

Se Einstein era humano como eu e você, ele não poderia ter um cérebro diferente. Se tamanho fosse documento, como diz a expressão, Einstein poderia ser menos inteligente, pois a massa cerebral dele pesava 1,25 quilos, enquanto o peso médio da massa cerebral humana é de 1,4 quilos.

A evolução de nosso cérebro nos proporcionou a capacidade de fazer maravilhas. Grande parte disso é graças ao desenvolvimento dessa massa mole – ao mesmo tempo firme o suficiente para não se dissolver – de tecido branco e cinzento, que, devido à sua consistência, pode ser retirada do crânio às colheradas. Por causa de sua rápida evolução, o tamanho do cérebro humano aumentou quatro vezes em apenas 200 mil anos.[19]

O rápido desenvolvimento do cérebro humano ocorreu devido às nossas necessidades adaptativas. Somos animais humanos que vivem para aprender e aprendem para viver. O que é aprendido não está "localizado" em áreas anatômicas, e sim espalhado por todo o cérebro. O cérebro é uma unidade de conhecimento. Quando ele é fatiado e os pedaços são levados para os laboratórios para serem analisados isoladamente, já não é mais um cérebro que está sendo pesquisado, e sim partes de um objeto de estudo; é uma outra coisa que pode se aproximar daquilo que se acredita ser um cérebro humano. Quando a unidade é perdida, deixa de ser o que sempre foi para ser outra coisa. Um cérebro fatiado é uma estrutura fora de contexto, ou seja, não é mais pertencente a *alguém*.

O humano é indeterminado porque é sujeito, é *alguém* que carrega consigo experiências, memória, história. O cérebro vivo possui o fenômeno da neuroplasticidade, por isso tem a capacidade de mudar ao adquirir o aprendizado. Nunca somos os mesmos em dias quentes como em dias frios, quando estamos apaixonados e amando e quando sentimos medo e raiva. O cérebro é pesquisado pela ciência porque é compreendido pelo determinismo do método. Ele é aceito pela objetividade científica porque pode ser fatiado e analisado. Porém, um cérebro sem vida e em pedaços não é mais pertencente ao humano, que é múltiplo em sua unidade.

---

[19] WILSON, Edward O, 1999.

Discutir sobre tamanho, peso, formato do cérebro de Einstein é tão ilógico quanto analisar o tamanho de um *iceberg* olhando apenas para a parte visível. O que realmente importa não são as estruturas anatômicas de um cérebro morto, e sim os padrões das conexões (sinapses) entre os neurônios do cérebro vivo. Na ponte entre uma célula nervosa e outra, está o segredo de cada um de nós. Está na lacuna, no silêncio, no vazio, ou seja, está na fenda sináptica a capacidade de aproximarmos de um melhor conhecimento acerca de nós mesmos. O número de possibilidades é extenso demais, porquanto não é simples. Está na complexidade de todo o sistema nervoso a opulência de saber sobre nós mesmos.

Cada experiência vivida é decodificada nas sinapses, e esse aprendizado nos faz ser quem somos. Em um nível microscópico, somos o que somos em decorrência de nossos disparos sinápticos, mas não é somente isso que nos faz ser o que somos. A condução do estímulo de um neurônio para o outro é conseqüência também de forças genéticas, de um lado, e da experiência de vida, do outro. Por isso, nada pode ser determinado. Se a vida é o grande mestre, ensinando a cada um ser quem é, como poderia se saber quem a pessoa é após a morte, analisando apenas a massa inerte? "O mapa não é a experiência da estrada."[20] Viver é um modo de ser. Quando uma pessoa deixa de viver, deixa também de ser. Na morte, todos os disparos sinápticos desaparecem imediatamente, todas as luzes se apagam, todas as estrelas se escondem no imenso céu infinito.

Por que Einstein era tão diferente? A resposta talvez esteja na seguinte afirmação: *pelos mistérios reunidos em sua subjetividade*. O que carregava com ele ninguém jamais saberá. Se a mente é um fenômeno da primeira pessoa, e como pessoa Einstein não mais existe, então podemos concluir que jamais teremos respostas a respeito da genialidade dele. Nunca chegaremos a conhecer uma pessoa por intermédio de pesquisas que estudam fatias da massa cerebral. Como disse anteriormente, o cérebro não é a mente. Ele, sozinho, não faz uma pessoa ser quem ela verdadeiramente é.

Como mito, Einstein reside no imaginário coletivo como símbolo que nos ajuda a representar o nosso próprio mundo. Ou seja, o mundo da primeira pessoa.

---

[20] MINDELL, Arnold, 2000.

Brinquedos de infância e lesões cerebrais

Quando ingressei na pós-graduação em Neurologia, pude perceber que a idéia das pesquisas na área de Neuroanatomia Funcional era a mesma idéia que eu tinha quando criança. Passei uma infância revestida pela curiosidade. Queria saber como as coisas funcionavam. Desmontei muitos brinquedos para saber como montá-los em seguida. Estraguei diversos carrinhos que funcionavam à pilha, porque, após desmontar, não sabia remontá-los. Meu pensamento matemático não era tão bom assim. Queria saber como funcionaria o brinquedo retirando suas peças. Simplesmente o brinquedo parava de funcionar, o que me deixava frustrado e arrependido.

Só deixei de destruir os brinquedos quando surgiu o *Hering-Rasti*. Para quem não sabe, *Hering-Rasti* eram paralelepípedos de plástico vazados que se encaixavam um ao outro, parecidos com os atuais *Lego*. As diversas peças multicoloridas de tamanhos variados serviam para construir carrosséis, carros, casas. As peças vinham acompanhadas de um motor, o qual servia para dar movimento à criação. Eu ficava horas e horas montando e desmontando o brinquedo. Após construir os carros e os carrosséis, pegava os bonecos *Playmobil* e colocava-os para passear em minhas criações. Os bonecos serviam para dar ritmo e características reais à brincadeira. Hoje sei que, no íntimo, estava construindo os meus desejos para o futuro, ou seja, o cenário que queria para mim quando ficasse mais velho.

Não é difícil constatar que o método de ensino que tive nas disciplinas de Neuroanatomia, Neurofisiologia e Neuropatologia, tanto na faculdade quanto na pós-graduação, era o mesmo método que eu utilizava para brincar com os meus paralelepípedos de plástico e os bonecos *Playmobil*. Tudo não passava de curiosidade de saber como as coisas funcionavam, um passatempo sem pragmatismo, um conhecimento sem sujeito. Saber o que ocorreria se desmontasse as peças de meus carrinhos de brinquedo era o mesmo que saber o que ocorreria caso houvesse lesão numa área específica do cérebro. Havia, é claro, uma diferença: na Neurologia, eu tinha os manuais que me possibilitavam conhecer o que seria uma lesão neurológica e quais os meios necessários para a reabilitação. Quando criança, minha imaginação era livre. Os brinquedos não vinham com manuais, ou, se vinham, não me lembro de usá-los.

Por que estou fazendo essa comparação? Quando aprendi que áreas cerebrais são responsáveis por determinada função – e se aquela área específica fosse danificada, a função deixaria de existir –, percebi que a noção que tinha do cérebro estava errada, pois sempre ouvi dizer que o cérebro era um órgão difícil de ser entendido. Mas como podemos achar difícil chegar a um lugar se temos o mapa da estrada? É só seguir as coordenadas do mapa que chegaremos facilmente ao destino. E foi assim que aprendi, com facilidade, a neurologia. Tinha de decorar os números das áreas e suas respectivas funções, conhecer as inúmeras patologias e seus quadros clínicos e usar técnicas terapêuticas mais adequadas para cada caso. Achava fascinante poder desvendar os mistérios do cérebro e perceber que eles não eram tão misteriosos assim. Toda a trajetória foi simples, e todos os lugares, possíveis de se chegar.

Contudo, para a minha surpresa, verifiquei, mais tarde, que as coisas não eram tão simples como imaginava. Alguns de meus professores de Neurologia eram bastante vaidosos e não tinham coragem de dizer que não sabiam responder a determinados questionamentos, porque certas perguntas tinham respostas metafísicas, e não biológicas mecanicistas. Lembro-me de algumas perguntas que eram respondidas da seguinte maneira por eles: "Isso não precisa ser aprendido", "por que você quer saber isso?"; "Deus fez desse jeito! Ele deve ter suas razões". Esta então vinha carregada de fundamentação dualística: "O que é da ciência, a gente estuda. O que é da religião, deixamos para aprender na missa de domingo."

Todavia, as minhas limitações não tardaram para surgir. Quando os pacientes com lesões neurológicas começaram a me procurar para atendimento, percebi que estava com dificuldades em conduzir meus conhecimentos. Os mapas não estavam me guiando pelo caminho que supunha conhecer. Ficava parado no acostamento sem saber como dirigir naquelas estradas. Mais uma vez, sentia o gosto amargo da frustração. Não conseguia montar as peças de meu brinquedo. Estudava os manuais para saber como as coisas funcionavam. Se a lesão em áreas específicas do cérebro era confirmada pelos exames de ressonância magnética, como o paciente podia apresentar um quadro clínico (comportamento) totalmente diferente do que eu havia aprendido? Os resultados dos exames não eram coerentes com os meus estudos.

Levei algum tempo para perceber que a lesão neurológica estudada nos livros não tinha a ver com as pessoas que eu tratava. A diferença estava na qualidade intrínseca do humano. Cada pessoa tinha uma história diferente, problemas relacionados à incapacidade de lidar com a situação. Quero dizer, com isso, que os pacientes parkinsonianos, hemiplégicos, atáxicos, paraplégicos, e assim por diante, são títulos, classificações teóricas somente. Isso não explica o humano em sua totalidade. Quando pensamos tratar um quadro clínico, não estamos tratando de *alguém*. A pessoa deixa de ser gente para ser um objeto de pesquisa. O "paciente hemiplégico" é um rótulo. Porém, o Sr. Manoel ou Sra. Francisca tem suas idiossincrasias. A paralisia de toda uma metade do corpo (hemiplegia) não vem sozinha, possui trajetórias históricas. Ou seja, vem acompanhada de fatores psicossociais, que devem ser levados em conta. Quando levamos em consideração cada aspecto do humano aproximamo-nos mais dele. Por exemplo, a pessoa pode apresentar um quadro de paralisia motora, mas os desejos continuam dinâmicos, e todo movimento deve ser seguido. São os desejos a facilitarem o reaprendizado motor e, quem sabe, a própria cura da paralisia. Ao facilitar o processo de condução das necessidades de alguém, estamos próximos da transformação, isto é, da ação que nos conduz à mudança da forma. Isso é o que denominamos cura. Portanto, a cura nunca está no terapeuta. Ele é apenas um facilitador do processo. A cura reside na busca do movimento pelos escombros da paralisia neurológica, no enfrentamento do padecer contextual da família, na sublimação das dificuldades sociais, na aceitação de um corpo diferente.

Quando se direciona somente ao problema, deixa-se de lado o mais relevante, a fonte do desejo. Ninguém se movimenta sem o desejo. Por isso, estudar áreas lesadas do cérebro e suas conseqüências comportamentais não é o único caminho. Quando nos aproximamos das características individuais e suas "reais" necessidades, estamos mais perto do humano que sofre. A meu ver, é exatamente aqui que reside todas as possibilidades de transformação. Como podemos reabilitar alguém sem conhecer suas motivações, vontades e prioridades? Sem conhecer as potencialidades, nada pode ser modificado. Enquanto estivermos focalizados nos mapas cerebrais, não atingiremos o potencial da experiência. É preciso direcionar o olhar para o que vai bem, o que é bom. Até mesmo em situações nas quais a pessoa apresenta deficiências físicas e mentais consideráveis, sempre há uma luz a ser seguida. Do mesmo modo que a fé é a possibilidade de mudar o rumo da vida, se não acreditarmos no milagre, nada poderá ser modificado.

Viver com metade do cérebro

O cérebro vivo é uma massa complexa dinâmica, sempre modificando seus padrões de disparo sináptico. Por esse motivo, a múltipla interconexão entre os neurônios possibilita o fenômeno da neuroplasticidade. Mesmo em lesões graves, é possível a reaprendizagem. Várias áreas intactas tentam suprir as áreas danificadas.

O exemplo vivo dessa incrível capacidade de adaptação cerebral está no caso de Nico[21], que começou a sofrer uma grave epilepsia quando tinha dois anos de idade. Eram observadas crises convulsivas repetidas com perda da consciência. Constatou-se, no exame EEG (Eletroencefalograma), um foco epiléptico extenso no córtex direito, envolvendo as áreas parietais, frontais e temporais. Nenhuma medicação era eficaz no caso dele. Quando Nico tinha três anos e sete meses de idade, sua família decidiu tentar o tratamento neurocirúrgico. Em decorrência da extensão da lesão, os neurocirurgiões tiveram de optar pela ressecção completa de todo o hemisfério direito do cérebro (hemisferectomia).

A recuperação de Nico foi uma grande surpresa para todos. As crises epilépticas desapareceram por completo; ele nunca perdeu a fala e, em alguns dias após a cirurgia, já andava. Enfim, ele era agora um garoto saudável. Apesar de apresentar uma hemiplegia, com maior dificuldade em movimentar o braço esquerdo, já podia ir à escola. Com relação à linguagem falada e escrita, Nico era o melhor aluno da classe. O que mais surpreendeu os médicos era como ele podia viver naturalmente com apenas um hemisfério cerebral. Nenhum problema maior no comportamento social, cognitivo e afetivo foi observado. Nico se desenvolveu normalmente sem problemas.

Se fôssemos levar em consideração as áreas retiradas, poderíamos dizer que Nico não teria muitas chances após a hemisferectomia. No entanto, tudo é indeterminação e possibilidade quando nos reportamos ao cérebro humano, com sua incrível capacidade plástica. Portanto, não devemos pensar em áreas e funções específicas, e sim no todo cerebral. O humano é muito mais que o seu cérebro, ele é potencial de realização.

Sem vontade, não há ação. Quando a pessoa descobre a vontade de continuar a experimentar a vida, os movimentos são facilitados. Porém, cada movimento é

[21] BATTRO, Antonio M., 2000.

seguido pela intenção de se obter algo. Sem o objeto do desejo, não há direção a ser seguida. Nesse sentido, quando se descobrem potencialidades latentes e a esperança em adquirir novos rumos, descobrem-se também motivos para transformar o mundo. Viver é ter coragem em todos os momentos, pois todo crescimento surge na direção do desconhecido. Em suma, a neuroplasticidade é também um ato de fé.

Sem fé, não há processo criativo. O novo irrompe no vazio da mente. É no silêncio que emerge a criatividade. Quando a mente está cheia de preconceito, não há originalidade. É como uma xícara cheia de café; encher com mais café apenas fará com que o líquido transborde. Por isso, acreditar somente na lesão é desperdiçar a potencialidade latente do sujeito, é perder de vista sua capacidade intrínseca. Não somos máquinas matemáticas que realizam equações complexas; somos seres enigmáticos que avançam rumo ao incerto para nos conhecermos melhor. Queremos as novidades a fim de seguir adiante.

Mesmo com toda tecnologia avançada, a mente continua oculta ao conhecimento científico. O exemplo de Nico, como os de outras pessoas com lesão neurológica, nos ajuda a compreender que o cérebro não é a mente. A mente é potencialidade porque incerta, imprevisível, ilimitada.

Em busca de mim mesmo

Não seria possível encontrar a janela do meu quarto em minhas sinapses. Muito menos seria possível encontrar minha mãe nos confins de meu cérebro. Mesmo que os cientistas continuem afirmando que as memórias a longo prazo estão localizadas no córtex cerebral, ainda creio que as memórias são imagens, porquanto não são encontradas em estruturas anatômicas, e sim espalhadas pela mente. Não quero dizer, com isso, que não precisamos de um cérebro para vivenciar as memórias. Seria imprudente afirmar isso. Em minha opinião, somos mais do que o nosso cérebro. Ele é insuficiente para dizer sobre nossas lembranças.

O cenário de minha infância está representado por imagens espalhadas pela mente, transcendendo a realidade física. A memória não pertence somente ao corpo – incluo o cérebro – mas também ao espaço distante dele. Somos interconectados e, por assim dizer, somos também memória coletiva. Não posso me encontrar sem o outro. Sem um personagem principal, não temos história. Sem coadjuvantes, não escrevemos bons enredos. Mesmo que exista apenas um humano em cena, ele nunca atuará sozinho, porque sua linguagem trará muitas imagens, e estas serão construídas por outras mentes que assistem ao espetáculo.

O grande problema das ciências da mente continua sendo penetrar no reino da experiência subjetiva. A subjetividade traduz, de modo particular e privativo, o mundo do sujeito. Quando os símbolos são transformados em linguagem, a essência se perde. O outro que a recebe traduz com os próprios códigos mentais, o que nem sempre é compreendido. Este é o problema da mente, saber o que ela quer dizer. Se a linguagem é o meio pelo qual nos comunicamos, e ela é de complexidade irrestrita, não podemos ter certeza do que o outro quer nos comunicar. O que foi criado pela mente pertence somente ao seu criador. Somos livres para expressar nossa criatividade. Ela está lá, bem guardada nas múltiplas imagens formadas por nós. Cada imagem se relaciona com outra imagem constituindo o que somos. Portanto, somos o enigma de nós mesmos. Somos livres e estamos sozinhos dentro de nossa mente. Tudo o que está "fora" de nós é escolha. Decidimos por aquilo que somos. Isso nos torna seres responsáveis e, conseqüentemente, vivos. É pela responsabilidade que se alcança autonomia e liberdade, retroalimentando a escolha.

O mundo é conseqüência das experiências. Por isso, para nos sentirmos vivos, temos de experimentar. Sem a travessia da experiência caímos na inércia, segurança ilusória que nos consome. Se formos dinâmicos seremos também criativos. É preciso romper com os hábitos a fim de alcançar o autoconhecimento. Sem o novo, não se reelaboram as crenças. A repetição propicia "proteção" ilusória, perpetuando tradições. Não sou contrário às tradições, desde que elas possam ser ressignificadas. Do mesmo modo, não é possível desmanchar a história só porque ela não convém. É preciso reelaborar o sentido, e, quando digo sentido, estou me referindo à experiência. A segurança e o conforto residem em saber quem somos. Essa é a única verdade.

As melhores escolhas propiciam o preenchimento de lacunas. Isto é, aquilo que falta. O autoconhecimento é imprescindível, pois auxilia o discernimento do que é necessário para a vida. Desfazer-se do dispensável minimiza dispêndios de energia vital. Estar pleno na jornada da vida só será possível quando soubermos distinguir o significante do insignificante. Enfim, quando pudermos reconhecer nossas necessidades individuais engrandeceremo-nos como humanos.

Peregrinar em busca de nós mesmos é desvelar o nosso mito pessoal. Talvez seja essa a missão de cada um por aqui. Não compreendo de outro modo. Seria desperdício de energia passar pelas diversas situações e abandonar tudo, em função da morte, sem ter por quê. Infelizmente, muitos se perdem em imagens narcísicas, acreditando no auto-engano para sobreviverem. Como disse, somos seres criativos e, no entanto, podemos escolher construir um mundo pleno ou não. As mentiras sustentam o ego, criam o mundo de sonhos sem fundamentos e, com eles, um cenário de frustrações. Sonhos sem propósitos nunca se realizam. Eles estão fixados na expectativa do normal, simples, convencional. A expectativa afasta o milagre porque vem acompanhada de resistência e controle. Nem sempre o que acreditamos ser bom é significante.

Portanto a salvação parece estar na esfera da interioridade, em que se encontra a verdade irrefutável de cada um de nós. Sem olharmos para dentro, não há como ter a melhor visão de nossa existência. A viagem não se faz pelo lado de fora. Quando viajamos de trem, o que importa é o que contemplamos na travessia, e não os mecanismos da máquina. Estar dentro do trem não pressupõe estar preocupado com suas engrenagens.

O "fora" é meramente espelho. Às vezes, reflexo indecifrável de nós mesmos. Desejamos a viagem, isso nos mobiliza ir além. Queremos a travessia não percorrida para descobrir novas possibilidades. A novidade é profícua aos sentidos. Como a experiência pode ser nova se ela já foi idealizada pela expectativa? Nada pode ser original se já foi criado pela mente. A expectativa é o ruído da experimentação. Ela destrói a novidade porque escolhe o formato preconcebido. O insólito emerge quando nos colocamos na posição de espectador de nós mesmos. Passamos a conhecer uma outra face que não era até então conhecida.

Sem a expectativa, é concebível ver o que ainda não foi visto. Tudo pode ser desvelado e agraciado. Sem a expectativa, abrimo-nos para o milagre da vida. Nenhum milagre pode surgir na certeza, somente na fé. E ter fé é acreditar em fenômenos inexplicáveis. Quando explicamos um evento, a experiência deixa de ser pura, singular, subjetiva, para ser uma lógica coerente à compreensão do outro. Tudo o que passa pelo crivo da linguagem verbal se torna objetivo, comum, ordinário. Querer provar ao outro a existência de nossas experiências pessoais é deixar de *tê-las* para *fazê-las* compreensíveis. Elas desaparecem imediatamente, deixando espaço para uma outra coisa que nunca nos pertenceu. Todo recontar de história é passível de mudança dos fatos. Nunca somos os mesmos, portanto cada relato surge com novos atributos.

Quando trago à tona a lembrança das noites de lua cheia junto a minha mãe, percebo que crio, no presente, uma nova imagem. Sei que ela não pode ser a mesma imagem de meu tempo de infância, mas, também, sei o quão importante é velejar pelas recordações e reconstrui-las de minha maneira. Isso é livre-arbítrio, fazer com que as minhas imagens sejam originais com sabor de eternidade. Se minha mãe teve uma história triste e difícil, posso ressignificá-la aqui e agora. Quem está no tempo presente não constrói mentiras para si mesmo. Como diz a palavra: "presente", dádiva, graça. E se toda graça é o milagre, não posso me munir de expectativas. Ser o que sou é meramente o milagre da vida. Preciso somente ressignificar os rastros do meu tempo vivido e transformá-los em fatos enternecedores, para assim sentir no meu corpo os fluxos de contração e expansão. Fluxos estes que me mantêm vivo. Quando sinto e tenho ciência disso, posso desvelar a minha verdade, resgatar fragmentos de mim mesmo.

Conhecer a mim mesmo é um grande passo para eu saber que digo a verdade, porque construo o mundo na primeira pessoa. Como posso saber quem sou se eu não partir de mim mesmo? Como descobrir a minha verdade desconhecendo a mim mesmo? Se eu me modifico a todo instante, tenho a capacidade de me reconstruir. Neste momento inicia-se uma nova construção de mim mesmo; portanto, é o tempo da escolha para que eu tome o rumo que ainda não experimentei. O segredo da vida está no presente. Nada está fora da mente. Nada está distante no tempo.

Compartilhar a mente pressupõe estar na companhia do outro. Ninguém quer estar sozinho nessa jornada. É preciso o espelho para ajeitar o semblante. Para ser belo e íntegro, é necessária a troca de olhar. Assim, é possível ser aceito no cenário social. Se aceitarmos a nós mesmos, os outros também nos aceitarão. Se a realidade é espelho, não há o que temer.

Contudo, ninguém pode adentrar nossas mentes; somos nós com nós mesmos. Felizmente, essa solidão individual pode nos auxiliar no encontro da verdade, que é única e intransferível. Na intimidade, reside a emancipação.

Quando encontramos a verdade, é possível cicatrizar feridas, secar rancores, dar luz ao perdão. Quando perdoamos, os obstáculos desaparecem, o caminho se abre, e a missão se torna simples. Quando nos conhecemos melhor, não temos por que razão sustentar o auto-engano, e a paz reina.

PARTE II

As imagens

Não se pode possuir a realidade, mas pode-se possuir imagens.
Susan Sontag

Imagens mentais

Ao pegar um punhado de areia nas mãos, é possível verificar que só um grânulo não constitui a areia. Para ser areia, é preciso um conjunto deles. Pela incomensurável reunião de grânulos, surgem as dunas, os montes, leitos dos rios, montanhas e desertos. A compleição do macro é constituída pela relação indivisa do micro. De modo semelhante, cada um de nós é um pequeno grânulo, e juntos formamos o relacionamento indissociável no planeta em que vivemos. A grandeza estabelece a realidade.

Quando o corpo é estimulado, dizemos que algo nos tocou, e isso se torna real para nós. Aprendemos que são as sensações que nos propiciam saber o que é o real. O que não é sentido "de fora" é imaginação. Desse modo, os sentidos nos enganam e podem nos escravizar. Muitas vezes, somos enganados por ilusões de ótica, escutamos o que nos interessa, só saboreamos o que gostamos, tocamos apenas o permitido. Dessa maneira, constituímos o real, baseado na intencionalidade de um conhecimento prévio, que está preste a mudar novamente.

Nenhuma verdade pode ser absoluta porque nada é permanente; como as areias do deserto que se modificam a cada instante pelos ventos, somos seres incertos no fluxo contínuo de mudança. O que é aprendido surge baseado na capacidade de transformação de nossos mapas mentais. A verdade é um conjunto de imagens formadas tanto pelos órgãos dos sentidos como pelos sentimentos – coleção de imagens cognitivas. A verdade é tão abstrata quanto as imagens mentais. A verdade é idealização, pura ficção.

Se a verdade é abstração, estamos à mercê da ilusão. A palavra ilusão vem do latim *illudere*, que quer dizer "jogo interior". É por meio do jogo interior de imagens, símbolos, alegorias, figurações que organizamos o nosso mundo. O que existe fora é o mesmo que existe dentro? Do mesmo modo que é difícil contar os grânulos de um deserto em transformação, é difícil responder ao questionamento. O que existe fora é formado por sombras, não sendo possível atingi-las e desvendá-las, enquanto o que existe dentro é representação. Se toda imagem é portadora de intenção, e toda intenção supõe ação direcionada, os objetos do mundo não podem ser uma representação isomórfica. Eles não são fotografias estáticas. O que é captado pelos sentidos é decantado por crenças e desejos, virtude e intemperança, descrença e paixão. O mundo se torna mundo na medida em que há potência criadora do sujeito. Tudo o que é percebido ou evocado pela memória é responsabilidade do trânsito das imagens mentais.

A linguagem da mente é imagética, formada principalmente por categorias sensoriais mediadas pelas sondas sensoriais (órgãos dos sentidos). Contudo, não são somente as sondas a nos trazer o mundo, também o formamos pela ação intencional. Isso significa que o que chamamos de real é uma construção ativa realizada pela história perceptiva do sujeito.

A mente cria imagens dos objetos do mundo. Imagem mental e objeto sensível são realidades distintas porque estão em mundos distintos. Como vimos, a imagem é uma transição de espectros do jogo interior denominado ilusão. Se a linguagem da mente é codificada em termos de imagens, é importante dizer que a imagem mental não é só visual, mas também tátil, sonora, olfativa, gustativa, cinestésica, proprioceptiva, interoceptiva.

Toda imagem é reprodução conjunta de várias imagens de diversas modalidades sensoriais. Quando sinto o cheiro de uma flor, não sinto apenas o cheiro, percebo a flor em sua totalidade. O cheiro, a cor, a forma, a textura desencadeiam novos sentimentos.

Se o sentir é produção de imagens na mente, sou o criador de minhas próprias imagens. Crio referências diferenciadas para o meu mundo sensível. A complexidade dessas imagens me capacita a aquisição do significado.

As imagens criadas têm por finalidade a construção de significados. Viver pressupõe a elaboração de significados, senão seríamos como as pedras. Ao dar significado ao objeto sensível, somos instigados a procurar por outros significados. Isso provoca dinamismo às imagens mentais, o que torna o mundo mais compreensível, o que capacita-nos tecer o enredo de nossa história de modo organizado.

O corpo humano é um verdadeiro campo de força eletromagnético sensível que interage com o ambiente. Por meio da interação, o corpo é habilitado a construir traços, enredos, histórias, configurações do seu mundo. A noção de um mundo externo diferente do interno está somente na idéia produzida. Somos, ao mesmo tempo, pintor e pintura, criador e criatura, substância e corpo. Enfim, somos o dentro e o fora, o interno e o externo, a mente oculta e o cérebro visível, o objeto da ação e o sujeito da idealização. Nada está separado. Tudo o que podemos alcançar é o que somos.

Somos sensibilizados a agir no mundo formando combinações de imagens. Isso nos torna narradores da história criada por nós, em nós, para nós. O aprendizado elaborado capacita o desenvolvimento de nossa consciência. Somos o que aprendemos a conhecer, repleto de ilusões. Não nos é possível saber a regra do jogo das imagens. O que denominamos "realidade" continua a ser o grande mistério. O real para cada um de nós nada mais é do que miscelânea de imagens mentais. Por meio delas somos o que somos, pois é o conhecimento que nos faz ser.

O cérebro humano evoluiu, e pela plasticidade se tornou hábil em construir padrões neurais que produzem padrões mentais. Todo padrão é uma configuração de relações de um sistema em particular[1]. É importante diferenciar esses tipos de padrões para que possamos entender que a mente está relacionada com o cérebro, porém não são sinônimos. Vale a pena reforçar que a mente é um sistema de processos dinâmicos, enquanto o cérebro é um órgão específico como o fígado, rim, pulmão, coração.

Padrões neurais

O cérebro humano é um órgão constituído por bilhões de células nervosas – os neurônios. Cada neurônio se conecta com outros neurônios por

---

[1] CAPRA, Fritjof, 1997.

meio de sinapses nervosas. Essas conexões são extremamente importantes para a formação dos padrões neurais, pois, por intermédio das sinapses, é possível o fluxo e a estocagem de sinais. A informação é elaborada e armazenada em padrões de organização dentro da extensa rede de neurônios, formando os mapas neurais. O cérebro é dividido em seções que possuem padrões de neurônios específicos que se comunicam com outras seções. São redes dentro de redes. Por isso, a mensagem nunca está localizada e isolada em determinada área, pois todo padrão de rede é sistêmico. Isto é, o que ocorre em uma determinada área comunica-se com toda a rede. São trilhões de sinapses disparando constantemente. Cada disparo é uma ativação do sistema, passagem de estímulos nervosos. Quando pensamos em redes dentro de redes, compreendemos que, em sistemas intrinsecamente organizados, não pode haver linearidade. É como pegar um punhado de areia na praia e verificar que a pequena depressão deixada no solo logo será preenchida por outros grânulos em um padrão de auto-organização. A propriedade não-linear da rede é o que promove a complexidade do sistema nervoso. Nesse sentido, a mensagem viaja por todo o cérebro, sinalizando ao sistema como um todo o que ocorre a cada momento para que ele possa se auto-organizar.

O padrão de organização da rede de neurônios é único para cada pessoa. Isto é, a arquitetura cerebral é a mesma para a espécie humana, porém o padrão de organização das redes neuronais varia de pessoa para pessoa. Cada um possui sua singularidade, baseado em como são organizadas as experiências. Podemos ter a mesma sensação, mas nunca a interpretamos de modo idêntico. A interpretação dependerá de um padrão individual de organização.

De acordo com Joseph LeDoux, um dos maiores neurocientistas da emoção da atualidade, a chave de nossa individualidade está na "sintonia fina" das redes de neurônios. Se quisermos entender as qualidades que definem uma pessoa, é preciso ir além das áreas do cérebro, é necessário ir mais fundo, observar as microestruturas do sistema. Em suma, ele diz que somos nossas sinapses[2]. Somos padrões de energia em fluxo contínuo cujo desenvolvimento é estabelecido por bilhões de células nervosas potencializando a criatividade de sermos quem de fato somos.

---

[2] LEDOUX, Joseph, 2003.

São as diferenças sutis nos padrões de comunicação sinápticos que determinam as qualidades distintas de cada um de nós. Aprendemos a experimentar as diversas situações que surgem baseados em nossa organização neuronal. Segundo LeDoux, a maneira que pensamos, agimos e sentimos é dependente de arranjos sinápticos. Esses arranjos, por sua vez, são esculpidos por forças genéticas, de um lado, e estímulos ambientais, do outro. A escolha não está baseada somente naquilo que queremos individualmente, e sim num fluxo permanente de escolhas feitas, por um lado, pelos nossos ancestrais – por meio dos genes herdados – e, por outro, por nossa alteridade – as pessoas com as quais convivemos.

Indubitavelmente cada um de nós possui sua própria assinatura neural. Ela é a essência de uma organização imutável, porém com redes de neurônios que se modificam de acordo com as novas experiências. Ou seja, o aprendizado é possível porque o padrão das estruturas neurais muda constantemente, porém sem que a pessoa deixe de ser quem ela é. Por isso, podemos ver o que ainda não vimos, sentir o que nunca sentimos, expressar o que não fomos capazes de expressar. Graças ao processo contínuo de mudança (envelhecimento do sistema), podemos experimentar novas características da vida a cada instante. Acreditamos que os nossos dias são idênticos aos outros devido à noção ilusória de estabilidade do sistema nervoso. Ele funciona assim a fim de economizar energia. Porém, toda experiência é sempre uma primeira experiência.

Quando um padrão neural se modifica, muda-se também a aparência do objeto observado. Isso significa que o mundo é mutável porque nossas redes de neurônios são plásticas. Elas se estruturam, desestruturam e reestruturam em novos mapas a cada experiência. Assim, concluímos que não é o mundo que muda, e sim a maneira de interpretá-lo.

Ronald Melzack[3] denominou de *Neuromatrix* essa grande rede de neurônios interconectados que formam mapas neurais. Ele afirma que ela elabora a sensação captada pelas sondas sensitivas e fornece uma percepção (interpretação) a ela. As redes podem ser geradas dentro de sua própria rede, assim como serem transformadas, propiciando outros arranjos. Com isso, o sistema neuronal é capaz de gerar qualquer qualidade de experiência a partir de um simples estímulo sensorial. Será então possível confiar em nosso cérebro?

[3] MELZACK, Ronald, 1993.

Se viver é uma interpretação permanente – *jogo de ilusão* –, é importante precaução com os nossos *achismos*.

Melzack utiliza uma metáfora interessante para explicar a neuromatrix: imagine uma peça musical; a neuromatrix seria o tema da peça, as entradas e as saídas sensoriais seriam os instrumentos. O ritmo e o arranjo podem ser modificados, mas o tema será sempre o mesmo.

Nesse sentido, a neuromatrix é a unidade de significado psicológico que cada um possui de suas experiências. Ou seja, cada um de nós possui uma *neuro-assinatura* única e intransferível. Embora seja influenciada pelo ambiente, ela é também determinada por fatores genéticos. No entanto, ela pode gerar sensações em si mesma, mesmo que não haja estimulação dos órgãos dos sentidos. Isso significa que os estímulos sensoriais modulam a experiência e não a causam. Em resumo, não estamos no mundo; somos o mundo, e quem o interpreta são as sinapses. Isto é, nós mesmos.

Padrões mentais

Um padrão neural formará um padrão mental. Este padrão é constituído de imagens, que são formadas a partir da atividade das redes neurais. Portanto, o padrão mental é subjetivo, o qual o reducionismo científico não explica. O método científico é uma boa aproximação nas pesquisas do cérebro e de seus padrões neurais, porém não é um bom meio para explicar os padrões mentais. Até agora, não se sabe como um padrão neural se torna um padrão mental. Só é possível constatar as atividades das células nervosas que se organizam, desorganizam e reorganizam, dependendo da experiência do indivíduo. A ciência não é capaz de dizer como as imagens se mostram ao sujeito que as experimenta. Cada um forma uma imagem de modo diferente. O resultado disso é o que se denomina *qualia*, que veremos adiante.

Por isso, a mente permanece um mistério indecifrável. Sabe-se apenas que as sensações moduladas pelas sondas sensoriais formam imagens mentais. Por exemplo, neste exato momento, estou sentindo em meu corpo a brisa do outono entrar pela janela. Lá fora, posso ver o sol surgir tímido, escutar o bem-te-vi cantando, enquanto um cheiro suave de café vem da casa ao lado anunciando o nascimento da manhã. Estou em silêncio, ouvindo *Intermezzo* da ópera Cavalleria Rusticana, ao mesmo tempo em que escrevo estas linhas. Tudo isso são imagens formadas por mim. Essas imagens formadas são denominadas de *Imagens perceptivas*. Elas são reais para mim porque eu posso criá-las.

Enquanto formava as imagens perceptivas, vinham também outras imagens em meu cenário mental. Lembrei-me de quando era criança e ia cedo comprar o pão na padaria mais próxima. Sentimentos recheados com cenas de minha infância, na qual adorava acordar cedo para aproveitar o tempo do brincar. Quando crio imagens do aqui e agora, trago junto imagens de minha memória. Estas imagens são conhecidas por *Imagens evocadas*. Elas não são tão reais quanto as imagens perceptivas, porque a memória é dinâmica, tendo a tendência de esmaecer o passado. Porém, as imagens evocadas não deixam de ter significado e realidade, mesmo quando reinterpretadas.

Quando criei as imagens do presente e trouxe imagens do passado, isso provocou em mim um forte desejo de tomar café e comer pão com manteiga, pois acordei cedo para escrever e já estou com vontade de mudar de cenário. Então, neste momento, estou construindo imagens de futuro. Vejo-me sair daqui e ir até a padaria mais próxima para comprar pão quente, depois fazer o café fresco para satisfazer aos meus desejos.

É pela inter-relação das imagens mentais que sabemos o que queremos, o que gostamos, o que desejamos, e assim por diante. São tantas imagens que transitam na mente que não pensamos em cada uma delas separadamente, somente precisamos vivê-las. As imagens se arranjam de tal modo que temos o cenário completo em cada situação, sem nos preocuparmos em juntar pedaços para compreender o que sentimos. Sem dúvida, quando não conhecemos o objeto observado, recorremos aos fragmentos de imagens contidos na memória, para adequar o objeto percebido aos objetos mnemônicos.

Os objetos mnemônicos variam de pessoa para pessoa. Porém, temos uma idéia semelhante do conceito desse objeto. Por exemplo, quando disse que ia até a padaria comprar pão fresco e tomar café, se você estiver lendo estas palavras de manhã e ainda não tomou café, e gosta do mesmo que eu, com certeza, os símbolos contidos nestas linhas irão deflagrar em você um processo volitivo de ir em busca do mesmo objeto, ou seja, o pão quente e o café. As palavras têm poder de gerar ação, pois toda imagem vem carregada de intencionalidade, e esta, por sua vez, gera motricidade.

A referência que temos dos objetos do mundo está fundamentada em conceitos lingüísticos, constituindo o nosso pensamento. Pensar é unificar imagens, ou, como Platão evocava: "[pensar é o] diálogo interior e silencioso da alma consigo mesma"[4]. No silêncio, estamos sós com as nossas imagens, pensando e refletindo a partir delas. Não conseguimos pensar sem imagens, como também é impossível reter a mesma imagem por muito tempo. Se o pensamento é constituído por elos de imagens conceituais, somos instigados por elas. Isso quer dizer que, ao escrever sobre minhas vontades, as palavras lidas podem provocar em você uma ação. Somos humanos porque estamos fundamentados na linguagem. Por meio dela, buscamos significados que nos tornem ainda mais humanos. No entanto, ser humano pressupõe estar em relação. Por isso, vivemos em busca de imagens que seduzam os outros, a fim de garantir o nosso lugar no mundo. Tudo o que fazemos tem significado, e, por trás dele, há sempre um desejo de ocupação. Desde cedo, aprendemos que estar com o outro é o modo mais prático de manter a nossa sobrevivência. Vivemos e fazemos tudo em busca da aceitação vital. Como já dissemos, o que grande parte das pessoas não sabe é que, para ser aceito pelos outros, é preciso, antes de tudo, ser aceito por si mesmo.

A fronteira do real e do irreal é um enigma. O real e o irreal são conceitos, portanto impossíveis de serem confirmados. Se toda confirmação está fundamentada em conceitos lingüísticos, não é possível saber de fato o que é o fato. A humanidade sempre esteve intrigada com esse mistério da vida. Do mesmo modo, ela sempre quis desvelar o segredo da existência. Ao estarmos no mundo é preciso viver. Elucubrar nos ajuda a compreender os passos, propicia-nos saber onde e como pisamos. Em suma, ter consciência da própria caminhada é um modo de viver melhor. Não importa se vivemos mais ou menos, o mais relevante é como deslumbrar o que temos aqui e agora. Este é o sentido da palavra *milagre*, que quer dizer maravilhar-se. Se viver em relação é o que nos mantém no fluxo da vida, é preciso saber conviver, pois somos imagens que interagem com outras imagens. Somos uma idéia milagrosa na mente de Deus.

[4] COMTE-SPONVILLE, André., 2003, p. 448.

Imagens e percepção

Sem criatividade, não existiria vida, pois é por meio da criatividade que evoluímos. Vivemos porque somos seres históricos, e, enquanto existir aprendizado, haverá possibilidade de se alcançar liberdade. O livre-arbítrio está em fazer da história a nossa própria descoberta. Quando terminam as chances de obter novos aprendizados, morremos. A existência humana pressupõe um cenário rico de experiências. Pela ação relacionamo-nos com o mundo e, pela convivência, nos especializamos.

Aprendemos a compreender o mundo pelas imagens mentais que formamos. Por exemplo, a luz que atravessa a retina diz o que é visto em termos de sombras, de nuances, sem representação. Isto é, para eu conceber o objeto como real, é preciso conceituar o que vejo. Caso contrário, não compreenderia minha participação no que vejo. Por isso, a imagem que construo ao captá-la por meio de estímulos em minhas sondas sensíveis – neste caso, os olhos – não são imagens compreensíveis até o momento em que eu as represento para mim. Para eu dar significado ao que vejo, preciso, de antemão, conhecer ou aprender a conhecer o que é visto. Nesse sentido, a luz é imagem, enquanto a representação é história, conhecimento, reflexão.

A percepção nasce a partir da história do indivíduo. Isso significa que o organismo vivo não é uma esponja a absorver estímulos aleatórios transformando-os em imagens mentais. Ao contrário, o que será captado pelos receptores sensoriais dependerá da escolha do sistema. Uma escolha é determinada pela história da convivência entre o organismo e o ambiente. Por meio dessa relação, o organismo constrói o que será importante para a sua adaptação. O estímulo sensorial será transformado em imagens mentais se houver semelhança com as imagens anteriormente contidas na mente. Isso significa que a percepção surge porque já possui características semelhantes às imagens pré-formadas. O que pode ser percebido depende da história estrutural do organismo. Nem tudo o que uma pessoa vê a outra consegue também ver, pois o objeto é sempre representado de maneira diferente.

Quando andamos na rua, cruzamos com várias pessoas. Umas nos chamam atenção; outras, negligenciamos. É assim que formamos o nosso mundo fenomenal. Formamos conceitos para aquilo que nos interessa e eliminamos o que é desinteressante. É por isso que uma mulher grávida vê outras mulheres grávidas na rua e ainda comenta: "Nunca vi tantas mulheres grávidas! O que será que está acontecendo?" A mudança do corpo não se restringe ao corpo em si, mas vai além dele, configurando um espaço de percepção. Assim, é fácil constatar que a percepção não é algo que vem de fora, mas surge de dentro primeiro, fazendo-nos abrir a janela para o velado. A percepção, no entanto, é a escolha em ver o que representamos. Ela não é, portanto, uma ação passiva. Pelo contrário, ela inicia um trabalho ativo, posicionando as sondas sensíveis para captarem estímulos que virão de algum lugar que não sabemos onde. Os nossos sentidos têm conhecimento. Por isso, procuramos correspondência no mundo de "fora" para entendermos o mundo de "dentro". Tudo o que vemos distante já faz parte de nós.

Neste exato momento, estamos sendo abarrotados de estímulos sensoriais em todos os níveis. Porém, nem todos os estímulos são transformados em representação. Como pode uma tesoura me chamar atenção se não pretendo cortar nada? Se a vejo repousar em cima da mesa, é porque algo me conduziu a enxergá-la. Porém, isso não quer dizer que pretendo fazer algo com ela. Ela está ali à disposição.

Todos os objetos do mundo estão ao nosso dispor, mas nem todos os objetos são necessários. Por isso, a importância de compreendermos a diferença entre necessidade e desejo. Desejar e se esquecer do necessário é um grande problema nos dias de hoje. As pessoas acumulam lixo, transgridem as leis da natureza porque não sabem preencher seus vazios existenciais. Ser preenchido com o insignificante é viver numa constante ilusão.

Os objetos do mundo não estão isolados no tempo e no espaço. Se eu os percebo, é porque eles estão em mim. Em suma, o mundo é único porque estou nele, não sou parte dele. Sou o mundo em sua totalidade, e a imagem dele me conduz à representação de mim mesmo. Portanto, essa imagem é individual, única e irredutível.

Por exemplo, neste momento, enquanto penso o aqui e agora e escrevo estas palavras, sou eu quem as crio e, ao mesmo tempo, percebo o que está sendo criado. Tenho a capacidade de saber que posso ir além de mim mesmo, pois construo estas frases enquanto penso no que poderá vir depois, ou no que já passou, até mesmo no meu abdômen que está protruso em decorrência de minha má postura. O simples fato de me arrumar na cadeira significa que estou atento ao meu corpo, não estou apenas conectado com o que escrevo. Nesse caso, existe mais de um "eu" que transita em meu curso imagético.

A palavra imagem quer dizer uma figuração sensível do mundo perceptivo, ou do mundo evocado. Cada um possui a própria tela mental. Constrói e desconstrói paisagens mentais em decorrência dos próprios interesses. Se você vir uma lagosta inteira em seu prato, saberá que o pobre crustáceo está ali para ser ingerido, pois a fome e todas as imagens formadas o levam a crer que o que está à sua frente é para ser comido. Agora, se você não estiver com fome porque acabou de almoçar, e a lagosta não foi refeição de hoje, e eu lhe perguntar como é a boca de uma lagosta, você terá de trazer à sua tela mental a imagem da boca da lagosta. Ou você pode retrucar: lagosta tem boca? Quando eu pergunto, o que vem a sua tela mental? Porventura podem vir imagens das lagostas dos desenhos animados que cantam e dançam, ou de um animal visto em filmes de terror com uma enorme boca capaz de engolir um homem inteiro, ou ainda poderá sentir cheiro nauseante de mar, ou uma brisa reconfortante que lhe traz recordações de dias ensolarados das últimas férias. Tudo o que você lê é construído em sua tela mental. Tudo será transcrito no cenário do seu mundo interno que só você pode criar. Porém, se eu disser: "sei ler palavras de uma letra só!", você tentará correspondência com o que já aprendeu; se não encontrar, não conseguirá formar imagens.

A frase acima foi retirada de um trecho do livro de Lewis Carrol, *Através do espelho.* O que não faz sentido para você se torna jogo de palavras. Porém, tudo depende da percepção de quem lê. Muitos conseguem encontrar correspondência com as imagens escritas e criam cenários mirabolantes. Este é o mundo fascinante da leitura: ser intérpretes livres daquilo que lemos.

Lewis Carrol foi um grande escritor que desenvolveu incríveis formas lingüísticas. Diria que a escrita dele é complexa, porquanto não-linear, assemelhando-se à linguagem dos organismos vivos, da natureza humana. Por intermédio da linguagem, somos capazes de criar novas representações e formar cenários inimagináveis. A meu ver, esta é a função do escritor, possibilitar novas imagens mentais, para que, por meio delas, criemos outras ligações e, por conseguinte, novos aprendizados e novas realidades.

As seqüências do diálogo de Alice com as rainhas em *Através do espelho* são instigantes, fazendo-nos pensar de "cabeça para baixo":

"Não sabe Subtração", disse a Rainha Branca. "Sabe fazer Divisão? Divida um pão por uma faca: qual é o resultado disso?"

"Suponho..." Alice estava começando, mas a Rainha Vermelha respondeu por ela. "Pão com manteiga, é claro. Tente outra subtração. Tire um osso de um cachorro; resta o quê?"

Alice refletiu. "O osso não restaria, é claro, se o tirei... e o cachorro não restaria: viria me morder... e tenho certeza de que eu não restaria!"

"Então acha que não restaria nada?" Disse a Rainha Vermelha.

"Acho que essa é a resposta."

"Errada como de costume", disse a Rainha; "restaria a fúria do cachorro."

"Mas não entendo como..."

"Ora, olhe aqui!" Gritou a Rainha Vermelha. "O cachorro teria um ataque de fúria, não teria?"

"Talvez tivesse", respondeu Alice, cautelosa.

"Então se o cachorro desaparecesse, a fúria restaria!", a Rainha exclamou, triunfante.[5]

Outro modo de criação de imagens é por meio da poesia. Particularmente acho os Haikais[6] japoneses os mais instigantes. Eles são incríveis porque, em poucas palavras, é possível construir uma diversidade de paisagens mentais. É uma arte inteligente que nos assegura estar no mundo da linguagem humana.

Sempre estaremos em busca de imagens que corroborem nossa percepção, que facilitem na adaptação às diversas situações, permitindo-nos evoluir livremente. Essa é a melhor maneira de construirmos o nosso *modus vivendi.*

Qualia

Ter uma imagem é ter uma qualidade singular para ela. A imagem é repleta de significado, e cada significado surge revestido pela história de vida.

---

[5] CARROL, Lewis, 2002, p. 244.

[6] Haikai é uma forma de poesia da cultura tradicional japonesa que surgiu no século XVI. São poemas concisos, formados por 17 sílabas japonesas, ou seja, sons distribuídos em três versos, sem rima nem título, geralmente tendo como tema a natureza ou as estações do ano: Inverno triste/cinzas ao vento/o corpo aquece.

O que sinto é apenas sentido por mim. Nesse caso, o objeto sensível é representado por mim, e cada sensação é determinada pela minha história. Cada indivíduo possui uma qualidade singular para suas sensações, denominada *qualia*.

Qualia é uma propriedade emergente do fenômeno sentido, uma qualidade irredutível da sensação. Quando sinto o cheiro do café nas madrugadas frias de inverno, o cheiro representa para mim algo que não consigo explicar; quando vejo o crepúsculo em dias de verão, a cor alaranjada do sol tem um significado especial para mim; quando sou tocado por quem amo, experimento o sentido vívido da relação que me fortalece no cumprimento de minha história; quando mastigo uvas verdes na primavera, elas demonstram para mim um sabor familiar, reforçam a memória de minha juventude; quando ouço o canto do bem-te-vi, sou chamado a pensar na comunicação das criaturas. Enfim, cada sensação tem representação, memória viva, e, com ela, sou transformado a cada experiência. Assim, os meus desejos são renovados, minhas crenças são revistas, a esperança é fortificada, os medos são ressignificados.

Nossa estrutura orgânica é semelhante porque somos humanos, nascemos com cérebros, células nervosas, sistemas auditivos e visuais muito parecidos, porém nunca seremos as mesmas pessoas. Mesmo irmãos gêmeos que participem da mesma situação durante anos terão perspectivas diferentes da situação vivida. Os genes podem ser idênticos, mas as experiências são diferentes.

Se eu posso sentir dessa maneira, e porventura, para você, possa parecer apenas poesia, diria que não somos iguais. Sempre experimentaremos a vida de modo diferente. Portanto, minha sensação de azul do céu será única porque há uma miscelânea de sensações, percepções, memórias, envolvidas no processo da experiência. Em cada sensação, uma nova situação imagética é formada na mente. Mesmo que eu acredite que a sensação é igual àquela sentida há anos, ela não pode ser a mesma, pois a experiência nunca se repete. Ver com os meus olhos pode ser parecido com o que você vê com os seus, porém a qualidade do que vejo será totalmente diferente do que pode ser visto por você. São os quale (plural de qualia) que nos tornam pessoas diferentes no aprendizado da vida. Pode parecer estranho, mas é pela diferença que encontramos a semelhança. Quero saber o que o outro sente e quero expressar o que sinto. Quero compartilhar minhas sensações para ter um senso de realidade e aprender novos meios de sentir. Não basta sentir o gosto da fruta, o brilho do sol, o toque da mão afetuosa; é preciso trocar conceitos, descobrir novos modos de sentir, criar outras qualidades de sensação. Assim são construídos os sentimentos e recondicionados os afetos.

O sentimento é cognitivo porque vem preenchido de lembranças, de histórias individuais que nos tornam seres únicos no mundo. Por isso, ninguém pode ser substituído, ninguém pode assumir o nosso papel. O que somos tem uma representação única tanto para nós quanto para o outro. Ser único nos dá a oportunidade de perceber nossa relevância no cenário da vida. Por assim dizer, nós somos muito mais que podemos conceber. Se fôssemos iguais, não teríamos tanta importância, seríamos autômatos substituíveis que repetem atos.

Os sentidos e o mundo

Miserável, percebo, em tortura e desejo,
Um perfume, um sabor, um tato incompreendidos,
E vozes que não ouço, e cores que não vejo,
Um mundo superior aos meus cinco sentidos.

Introibo! – Olavo Bilac

Os sentidos são bússolas a guiar o nosso destino pelas brumas da vida. Sentir é dirigir-se à imagem. Quando os sentidos são estimulados, vários impulsos nervosos são gerados, iniciando no cérebro um processo de montagem das peças do vasto quebra-cabeça, até finalmente construir a imagem do objeto inteiro. Portanto, ver uma flor é mais do que comprimento de onda eletromagnética que atravessa a pupila; ver é ter o conhecimento de que o que é visto se faz presente ao sujeito como ser consciente.

Atualmente a neurociência explica que a imagem visual é matriz de moléculas que refletem fótons em determinados comprimentos de ondas; a imagem auditiva é formada pela sucessão de ondas de compressão senoidal na atmosfera; a temperatura é energia cinética de milhões de moléculas; as imagens olfativas e gustativas são estímulos químicos em receptores da mucosa nasal e bucal que transformam substâncias voláteis em cheiro e gosto. O que ainda não se explica é como posso ter a imagem de minha mãe que conversava comigo na janela do quarto, experimentar o gosto de café com leite que ela levava para mim na cama quando eu era criança, o abraço que me dava para desejar boa sorte em meus desafios cotidianos, as palavras de afeto que significavam para mim naquele momento.

O cheiro de Natal

O perfume, o silêncio, a sombra... Os ninhos
Emudecem... E temos, sonhadores,
A humildade das ervas nos caminhos
E uma inocência de anjos entre as flores.

A cilada – Olavo Bilac

Natal é época de renovação. Meus pais não se interessavam por comemorações. Uma família sem recursos financeiros e desconectada religiosamente tinha de ser dissidente do Natal. Passei algumas dificuldades na época por não conseguir o que desejava. As propagandas de rádio e televisão, os encartes de lojas, as promoções de supermercado não deixam as crianças dormirem sem sonhar com um brinquedo novo, um jogo diferente, algo para se conquistar. Desde cedo, aprende-se que ter é poder. As crianças não sabem discernir o possível do impossível. Elas são invadidas por imagens que corrompem os seus verdadeiros desejos, levando-as a querer o que não precisam.

O Natal sempre foi especial para mim, pois conseguia transcender a falta, aceitando o que podia ter. Sinceramente não deixava de desejar, tinha a capacidade de sonhar. A falta, às vezes, vinha com o sentimento de inveja e desejo de ter o que os meus colegas tinham. Porém não perdia a fé no Natal; sabia que era a época na qual deveria reforçar minhas intenções, aceitar o momento e saber que tudo seria passageiro. Quanto maior a força de intenção, mais próximo da concretização dos sonhos.

A falta, quando associada à esperança, é potência de realização, e não fracasso. Desejar o irrealizável é estar em suspenso, na ilusão que nos faz padecer. Quando queremos o que nos é devido, a realização se torna certa. Não desistir do sonho é tê-lo em potência, latente, preparando-o para a concretização no plano material. Viemos somente com os sonhos que são possíveis de serem realizados. Entretanto, querer o que não nos pertence é sofrer a falta e amargurar frustrações.

No Natal, minhas esperanças eram renovadas; tinha certeza de que tudo seria diferente. Isso significou tanto para mim que, até hoje, quando a época se aproxima, me deleito com as misturas voláteis dos odores característicos. Na cidade onde moro, o clima se expande, e o calor de início do verão desemboca em chuvas torrenciais, o cheiro de terra molhada e de abacaxi constitui uma sedução magistral ao olfato. Sempre sinto, nessa ocasião, um "cheiro no ar" que me instiga e facilita a transformação. A feliz sensação de quietude, altruísmo, serenidade toma conta de mim. Sendo assim, torno-me mais atento e menos responsivo, ou seja, atinjo com mais facilidade a pausa, a harmonia, a paz.

Nunca consegui explicar o cheiro de Natal, mesmo porque o olfato é um sentido sem palavras, escuso para a linguagem explicativa. Descrever visualmente uma rosa é fácil; podemos detalhar a cor e o número de pétalas, tamanho do caule, espinhos e folhas. Porém, encontrar palavras para o cheiro exalado por ela não é nada fácil. Qual a diferença entre o cheiro do goivo e da urze? Se você desconhece a imagem visual dessas flores, muito menos saberá a imagem olfativa delas. Se eu perguntar qual o cheiro da gardênia, e você tiver uma lembrança do seu primeiro encontro com o ser amado que já partiu, mas deixou saudades, poderá trazer à tona sentimentos guardados há anos, e ainda deflagrar no corpo emoções que acreditava estarem mortas.

Em toda a história, as sociedades de diferentes culturas utilizaram as plantas para fins terapêuticos. A aromaterapia, por exemplo, se fundamenta nos princípios ativos dos óleos essenciais para tratar as pessoas. Ela deflagra emoções liberando tensões musculares antigas. Sabemos que o medo e o sofrimento são sentidos quando somos ameaçados. A emoção reprimida é memorizada pelos músculos impedindo a pessoa de agir livremente. A aromaterapia é um método que promove o bem-estar, restaurando a saúde. Por meio dela, é possível auxiliar as pessoas a seguirem em frente, que se sentem impedidas por seus cordões de isolamento.

A aromaterapia é um antigo método que parece ter surgido entre os egípcios quando empregavam óleos essenciais de benjoim, cedro, olíbano, mirra, rosas, para embelezar e perfumar o corpo, e também como auxílio nas meditações.

O uso de incensos é também costume antigo, permanecendo até os nossos dias. Eram usados principalmente nos rituais religiosos e como oferendas às divindades. As pessoas acendiam incensos a fim de se desenvolverem espiritualmente, alcançar estados alterados de consciência e entrar em contato com deidades superiores.

Todos sabem o que o cheiro pode provocar, pois nos direcionamos para odores agradáveis e nos afastamos dos desagradáveis. Por isso, atualmente, as lojas de *lingerie* utilizam cheiros para atrair a atenção dos consumidores. O cheiro e o sexo sempre estiveram relacionados, tanto que todos os animais carregam em si feromônios poderosos para atrair o sexo oposto, propiciar a ovulação da fêmea, demarcar territórios. Quando acariciamos um gato, se ele gosta de nós, lamberá o pêlo para guardar em sua memória o nosso cheiro. Provavelmente escolherá o lugar que costumamos ficar para se sentir aconchegado[7].

A memória e o cheiro estão intrinsecamente ligados. Quem não se lembra do cheiro característico da comida da avó, do perfume da mulher amada, do cheiro assustador dos hospitais, ou do cheiro triste de um velório. Os cheiros mais fáceis de serem identificados são aqueles que foram sentidos em situações especiais. Portanto, poderia dizer que um cheiro não tem uma imagem simples, e sim uma miscelânea de imagens. Isto é, a imagem olfativa não é única, e sim uma complexidade de diversas imagens. Em síntese, as imagens visuais, auditivas, táteis são cobertas pela poeira colorida de um cheiro.

Percebemos melhor um estímulo quando ele varia. Quando estou em uma sala de aula, presto atenção ao som da voz do professor, mesmo que o ventilador de teto esteja ligado fazendo barulho. Se o professor desligar o ventilador, perceberemos o silêncio que até então não percebíamos. O mesmo exemplo serve para a visão; quando estamos do lado de fora tomando sol, não percebemos as nuances de cores, pois a luz solar é intensa a ponto de apagar alguns tons. Quando saímos do sol e entramos na sala de aula, mais escura, por um instante, ficamos ofuscados, até o sistema visual se ajustar ao novo ambiente.

Se perceber uma sensação se torna mais fácil quando existe variação de estímulo, posso dizer que o cheiro é um sentido menos perceptível, pois, a todo momento, eu sinto cheiro porque respiro. Sentimos cheiro pelo nariz, que vem com o ar que respiramos. Podemos deixar de escutar um som ou ver

[7] ACKERMAN, Diane, 1992.

uma cena, mas nunca paramos de respirar. Por assim dizer, desde o nascimento (primeiro cheiro) até a morte (último odor), estamos respirando. Então, o olfato só é percebido quando há uma forte variação de estímulos. O olfato é um sentido ligado aos sentimentos, aos nossos pontos de vista. Por isso, dizemos: "isso não me cheira bem", "isso está com cheiro de intriga", "isso tem cheiro agradável".

O olfato é um sentido que assimila em silêncio. Ele capta a situação e a incorpora sem palavras, parecendo intuição. Por isso, o Natal se configurou de modo especial para mim. O cheiro característico da época toma os meus pulmões e me direciona imediatamente a um espaço sagrado, um refúgio que proporciona a renovação de minhas esperanças. Sou fortalecido pelo cheiro que se transforma em oração. Sou envolvido por nuvens voláteis que confirmam a minha passagem pela vida.

O gosto íntimo de gemada

No silêncio em que está,
um sonho doce o embala.

Missão de Purna – Olavo Bilac

Quando era criança, aprendi a saborear o mundo de modo que ele não passasse despercebido aos meus sentidos. Lembro-me de querer comer tudo "o que era bom". Minha família não podia me possibilitar o sabor de todas as guloseimas que uma criança deseja. Morava em um prédio onde as pessoas costumavam deixar as portas destrancadas; e como minha curiosidade era sensível, e correr riscos significava para mim emancipação, o cenário não podia ser melhor. Entrava sorrateiramente nos apartamentos e ia direto à geladeira em busca de algo para o paladar. Isso era incrível, porque, ao mesmo tempo em que sanava minha curiosidade e me deliciava com os doces, principalmente o pudim de leite condensado de dona Elza, me arriscava a ser visto pelos donos da casa. A ameaça era fascinante, mesmo porque depois poderia contar aos meus colegas a façanha de invadir geladeiras sem ser visto. Sempre gostei desses desafios, embora não me sentisse forte o suficiente quando os planos falhavam. Vivenciei várias frustrações e rejeições. Compreendo por que os vizinhos não me queriam por perto. Porém, sempre era impulsionado a descobrir novos sabores da infância.

Após cada ação frustrada, da qual o vizinho ia se queixar com minha mãe, ela já sabia o que fazer. Em vez de dar bronca ou uma bela surra, chamava-me para conversar e me educava. Em gesto de carinho, preparava-me um saboroso prato de gemada. Batia as gemas com bastante açúcar até virar um creme amarelo consistente, misturava leite quente para dissolver a massa inebriante. Comia tudo tomando vários copos d'água para amenizar o anestesiante gosto de açúcar nas papilas gustativas. Tinha dias que chegava ao enjôo de tanta água, ovo e açúcar. Ao mesmo tempo, deliciava-me com o carinho representado pela gemada. Enquanto comia, podia estar mais próximo de mim mesmo e rever minhas ações. O paladar é um sentido de intimidade, pois não podemos senti-lo à distância. Sentia-me protegido comendo gemada com a minha mãe ao lado. O paladar não é só um sentido íntimo, ele é também um ato de socialização. A solidão é mais marcante quando nos alimentamos sozinhos. Sentar à mesa e conversar é um ato de comunhão – "dividir o pão". Minha mãe, que era uma mulher supersticiosa, dizia que "comida não se joga fora. É pecado." Quando não agüentava comer toda a gemada, ela se encarregava de comer o que sobrava. Com ela, aprendi lições de simplicidade, e, até hoje, sinto a lembrança do gosto de gemada quando me sinto desprotegido.

O açúcar é curativo às frustrações da vida. Atualmente sabemos que a quantidade de carboidratos contidos numa gemada é suficiente para estimular o pâncreas a produzir insulina, que, ao se encontrar com um aminoácido chamado triptofano, é rapidamente convertida no cérebro em um neurotransmissor denominado serotonina. A serotonina é um tranqüilizante natural. Por isso, é freqüente oferecer água com açúcar para crianças que se assustam ou para as pessoas em "crises nervosas". Semelhantemente, um prato de lasanha no almoço e sorvete de chocolate de sobremesa nos deixam lerdos para o trabalho. Sentimo-nos sonolentos após uma refeição rica em carboidratos.

O paladar apurado para doces é muito comum entre as mulheres, principalmente no período pré-menstrual, em términos de namoro, ou por carência afetiva[8]. A maior parte das pessoas, quando se sentem tristes, procuram doces para satisfazer à carência. O alimento se torna concretização de um vazio simbólico. Não raro, as pessoas buscam o alimento para preencher a solidão, o desamor, a falta de algo que desconhecem. Muitas pessoas também engordam para se protegerem. Foi exatamente assim que aprendi a me defender quando me sentia ferido. Minha mãe acreditava que o alimento tudo curava. Todas as minhas frustrações vinham servidas com um prato de gemada. Em poucos anos, construí uma bóia de proteção em minha cintura cuja invasão seria impossível. Estava cada vez mais gordo e ilusoriamente invulnerável.

Quando a adolescência chegou, percebi que o meu corpo estava fora do padrão de estética, principalmente se comparado ao corpo de meus colegas. Eu era o único gordo da turma entre garotos magros e velozes. Correr para mim não era o problema, o pior era manter a corrida. Não tinha resistência, tampouco era objeto de sedução. Os meus colegas começaram a namorar enquanto eu ficava para trás. Acreditava que era devido à bóia. Sem dúvida, a proteção que eu criara para as ameaças era a mesma para as possíveis paixões adolescentes. Desconhecia a honestidade de meu corpo; ele era construído de acordo com os meus desejos. Porém, o corpo, uma vez construído para se proteger, é o mesmo corpo para amar. Sendo assim, ninguém podia me atacar tampouco me desejar.

O som da melancolia

E eu vos direi: Amai para entendê-las!
Pois só quem ama pode ter ouvido
Capaz de ouvir e de entender estrelas.

Via Láctea – soneto XIII Olavo Bilac

A orelha é uma estrutura cartilaginosa em forma de concha que amplifica as ondas complexas do ar, transformando-as em som. O sistema auditivo converte as mudanças da pressão atmosférica em padrões neurais que, por sua vez, produzem imagens auditivas. Portanto, eu não seria capaz de ouvir o

[8] ACKERMAN, Diane, 1992.

som de uma árvore que cai neste momento na Floresta Amazônica. A árvore, ao cair, provoca deslocamento do ar, porém o meu sistema auditivo está afastado demais para traduzir as mudanças atmosféricas em som. Nesse sentido, o som é uma construção da mente. Se as sondas auditivas não podem captar as mudanças de pressão do ar, é impossível convertê-las em imagem mental. Eu tenho de ser espectador da situação para construir o som. Por exemplo, ninguém pode escutar a melodia do piano de Anne Jingle sem haver mudança de pressão do ar, tampouco sem conhecê-la. Se ela for uma pianista imaginária, inexistente, não haverá som do piano. Se eu perguntar qual o som do piano de Gershwin, e você for fã dele, com certeza criará o som de sua música preferida.

Ao escrever, costumo ouvir música clássica. Às vezes, estou tão compenetrado que, mesmo quando o aparelho é desligado, continuo a ouvir as seqüências das faixas do meu CD predileto. Isso se dá pela memória da experiência. Quando ouvimos um determinado som do qual gostamos memorizamo-lo, e somos capazes de reconstrui-lo mesmo sem haver mudança de pressão atmosférica.

As imagens auditivas são formadas pelos estímulos do mundo, ou não. Freqüentemente escutamos melodias que são formadas pela memória. Todos já experimentaram acordar com uma música na mente (normalmente músicas com ritmos repetitivos) e cantá-la durante o dia. Isso significa que não existe espectro auditivo sem conhecimento, ou som sem a presença da mente do observador. As melodias são processos criativos da mente individual. Um som nunca é igual ao outro, pois ele é criado por quem o ouve.

Gostar de um estilo musical e desprezar outro nada mais é do que fazer julgamentos sobre freqüências que agradam e desagradam. Não há dúvida de que um som é bom ou ruim baseado na história de vida. Muitos gostam de som alto, batidas em ritmos agitados e constantes; outros preferem sons suaves, lentos com potências mais baixas.

Os ouvidos não só apreciam melodias como também servem para facilitar na orientação do corpo no espaço, com o objetivo de manter o equilíbrio. Direcionamo-nos ao som do mesmo modo que à luz. Quando o despertador toca pela manhã para nos acordar, a mão se direciona ao botão para desligá-lo. Não precisamos abrir os olhos para alcançar o despertador, movemo-nos em direção ao som. Guiarmo-nos em direção ao estímulo sonoro propicia nossa participação situacional no mundo. Ao mover a cabeça, percebemos o que está em volta, fortalecendo o nosso senso de localização espacial.

Por meio do som, tem-se a noção tridimensional do corpo. O cérebro recebe a informação enviada pelos canais semicirculares do ouvido interno, ajustando a posição do corpo. Esse processo ocorre a todo momento, facilita o posicionamento da cabeça com relação ao corpo. Se você colocar a mão à frente e movimentá-la rapidamente, a imagem parecerá turva; entretanto, se a cabeça balançar e a mão permanecer fixa, a imagem não se altera. Quando há alguma patologia que causa distúrbio nesses canais, o equilíbrio se torna deficiente. Os deslocamentos do corpo precisam se ajustar de tal modo que temos a impressão de constância e equilíbrio.

Um outro exemplo interessante é que, ao tampar os ouvidos e falar, temos a impressão de que não existe a parte posterior do corpo. Isso ocorre porque, ao falarmos, o som se direciona para frente e se espalha, e, como não estamos com os pavilhões auditivos livres para captarem a tridimensionalidade do som, isso nos faz perder momentaneamente a noção espacial do corpo. Em resumo, a audição também nos fornece uma imagem geográfica da situação.

O som sempre esteve presente na evolução da espécie humana. Por meio dele, foi possível desenvolver nossa complexa linguagem verbal, constituindo sociedades e culturas diferenciadas. A música sempre esteve presente entre as diversas culturas. Antes mesmo do *homo sapiens*, os homens de Neandertal já tinham criado a música. A descoberta de uma flauta confeccionada com osso da pata de urso, encontrado em escavações arqueológicas, mostra a relação da música e os homens primitivos.[9]

Saborear a música é um modo de estar acompanhado pelas lembranças. Lembro-me, em minha infância, de viajar de caminhão com o meu pai. Ele adorava ouvir música caipira. Eu achava a melodia enfadonha e melancólica. Eram composições recheadas por histórias de abandono da mulher amada, traição, amor não correspondido, simplicidade do homem do campo e tristezas.

O som das madrugadas frias anunciava o início de um dia de trabalho, sobretudo na melancólica voz de Zé Bettio na Rádio Record, quando se despedia:

---

[9] KOLB; WHISHAW, 2002.

"Manhê, Manhê! Onde a senhora estiver, receba o carinho do seu filho Zé. Gente, eu estou indo embora... Mas amanhã bem cedinho, se Deus quiser, estou de volta." Quando ele se despedia, estava na hora de começar a aventura da viagem. Preparávamos para o desjejum nas lanchonetes de parada de caminhão. Café com leite bem quente e pão com manteiga tornavam a experiência confortável.

Durante anos, escutei música sertaneja com o meu pai. Não era a minha opção, mas algo naquelas músicas me comovia. Toda viola geme e chora. Até hoje, quando ouço essas músicas, sou remetido a minha infância de descobertas. Sou levado ao sentimento simples e confortante de minhas raízes. Sinto-me ao lado de meu pai, que tentava me propiciar as melhores viagens da vida.

Atualmente me coloco a ouvir a melodia do sofrimento de meus parceiros de aventura terapêutica. Durante muito tempo, quis falar, explicar, justificar. No entanto, aprendi que é mais importante ouvir do que falar. Escutar é também oportunidade de experimentar o som e lembrar. Só lembramos porque temos histórias. Não é preciso falar, apenas saborear a lembrança. Nenhuma voz se torna impassível quando nos abrimos sem julgamentos. O som da voz humana nos provoca mudanças porque escutamos também com as lembranças. Na audição, há um conhecimento mudo. No fundo, o que ouvimos nada mais é do que o som falado por nós mesmos. Ouvir é uma escolha, tanto é que muitos preferem ficar surdos para não ouvir o que não interessa. Situação, não rara, observada na velhice.

Ouvir é possibilidade de conviver bem. Existe um provérbio da cultura nativa americana que diz: "Ouça, ou sua língua o deixará surdo". Vivemos numa cultura cuja expressão verbal torna a linguagem uma catástrofe. Quantos não falam sem responsabilidade, maltratam o som, corrompem os ouvidos alheios. As pessoas querem falar e não escutam. O monólogo incoerente é função de um ego insuflado. Não aceitar ouvir é estar cerceado pelo ego, centralizado e, conseqüentemente, estar só. Quanto mais se fala, menos se escuta, e quanto menos se escuta, maior o isolamento. Falar demais é estar fora para não ouvir a voz que vem do íntimo – o chamado. Estar em silêncio é estar dentro para compreender. Quando compreendemos, falamos menos, pois já não é necessário impor nossa verdade. Como diz o provérbio chinês: "Um pássaro não canta simplesmente porque tem uma resposta, ele canta porque tem uma canção".

Luz de lembranças

Minh'alma pobre e desvalida,
Órfã de mãe, órfã de pai,
Na escuridão vaga perdida,
De queda em queda e de ai em ai!
E ando a buscar-te. E a minha lida
Não tem descanso, não tem fim:
Quanto mais longe andas fugida,
Mais te vejo eu perto de mim!

Baladas românticas – soneto IV – Olavo Bilac

A visão é um enigma fascinante. Os olhos são considerados pela literatura "a janela da alma", "a porta do céu", "a abertura do saber". Não é preciso enxergar para ver. As palavras nos propiciam incríveis imagens visuais sem a participação dos olhos. Elas têm encadeamento imagético que capacita a criação de cenários inteiros na mente do leitor, como neste trecho do livro vencedor do Prêmio Nobel de Literatura de 2000, *A montanha da alma*, em que Gao Xingjian nos encharca de luz e cor. Ele provoca uma enxurrada de imagens. Ele escreve como um pintor, e o resultado do seu trabalho é uma pintura em nossa tela mental:

> O sol vai se pôr. Sua semi-esfera parece uma tampa alaranjada. Permanece brilhante, mas não ofusca mais. Você estica seu olhar até o ponto em que as duas vertentes do vale se juntam, lá onde os picos se perdem na bruma e nas nuvens. Esse quadro ilusório de um negro bem vivo cerca pouco a pouco por baixo o astro cintilante que parece rodar em círculo. Mais o sol poente se tinge de vermelho, mais doce fica. O azul-escuro e os raios dourados se misturam nas ondulações e nos jorros d'água. A bola cor de púrpura ainda manda alguma serenidade, mas, descendo ao fundo do vale, traz uma certa sedução em sua gravidade.[10]

Pela visão, podemos ter sem nos aproximar. O que vemos nos pertence, mesmo à distância, sem nenhum risco tátil (intimidade). Ver é projetar imagem para fora de nós, como no cinema ao projetar cenas na grande tela. Quando olhamos para o quadro na parede, projetamos luz nele, porque nós o

[10] XINGJIAN, Gao, 2001, p. 16.

vemos. Nesse sentido, o que vemos sai de nós antes mesmo que a luz possa nos penetrar. As ondas eletromagnéticas que formam o espectro de luz são captadas pela sonda sensorial, após o cérebro (córtex visual) estar atento (*ativado*) para recebê-las. Ninguém olha sem ter a intenção de olhar. A intenção é um processo não-consciente muito dinâmico e rápido. Em milissegundos, todo o plano motor para o movimento da cabeça e dos olhos já está pronto para ir ao encontro do objeto a ser visualizado. Ou seja, o sujeito olha porque entra em congruência com o que deseja olhar. O objeto no ambiente não está solto, isolado, perdido. Pelo contrário, ele existe porque pode ser contemplado. Há uma correlação sensório-motora do organismo da pessoa com as alterações do meio ambiente. Existem acordos entre sujeito e objeto de tal modo que ambos se tornam um. Quando algo é visto, o objeto é trazido para dentro do espaço não-consensual do sujeito, e são formados padrões de linguagem e significados, tão importantes para nós.

O encadeamento de significados formado determinará o desejo do que se quer (ou não) ver posteriormente. Portanto, o que se vê não se encontra fora, mas, antes, já pertence a quem olha. Ver tem intencionalidade direcionada, e o que determinará isso é a história do sujeito, ou seja, o que ele angariou durante toda a vida de experimentação.

Durante muito tempo, acreditou-se que o objeto percebido[11] era captado do exterior para ser posto para dentro. Hoje se sabe que o que é visto irrompe de um processo de inter-relacionamento das imagens da mente (prefiguradas) e dos objetos do mundo. A transição imagética é rápida, tornando difícil distinguir uma coisa da outra. Por isso, é mais fácil acreditar que o que está fora está distante, não pertence a quem vê; forma-se a teoria do eu e do não-eu. Principalmente quando o que se vê não é agradável. Por exemplo, é bom ver o céu azul cintilante das tardes de inverno porque todos querem o *céu*. Por outro lado, quando crianças esmolam nos semáforos das cidades, é mais fácil fechar a janela (fechar-se à injustiça social) do carro para não ter dentro a imagem indesejada. Entretanto, a imagem, uma vez vista, já nos pertence. Isto é, somos partícipes da trama social, ninguém vê o mundo através de uma janela. O mundo é o que somos, somos o que sentimos.

---

[11] A palavra percepção vem do latim per+cipio, per+capere, que significa "o que é obtido por captura".

Os olhos são estruturas que transformam luz em padrões mentais. A luz é energia eletromagnética traduzida em cores, formas, profundidades, tonalidades. Atualmente é possível ver de modo diferente do que era visto antes do invento da lâmpada. Os olhos continuam os mesmos, mas o ambiente mudou. A cor através da luz da chama é diferente da cor através da luz de tungstênio. Modos diferenciados de iluminação propiciam diversos modos de ver. O objeto continua o mesmo, embora possamos pensar que não. Uma rosa vista de dia é completamente diferente da mesma rosa vista de noite. A rosa mudou? Não. Ela é a mesma, porém com tonalidades diferentes de cor. Tudo o que se vê está na dependência das variações da luz. Os sentidos estão mais ativos quando há variação de estímulo.

Somos cada vez mais influenciados pela linguagem cibernética. Os instrumentos modernos propiciam enganar os olhos humanos acerca da cor e forma dos objetos do mundo. Como diz André Parente: "É a linguagem que faz da imagem um objeto, e do olho um sujeito"[12]. A partir dessas novas linguagens tecnológicas, estamos nos distanciando da possibilidade de compreender o que é um "viver real".

Com o avanço da tecnologia, as distâncias se encurtaram. Atualmente é possível ver imagens do amanhecer no outro lado do planeta, mesmo que seja noite no lugar onde estamos. Por meio de satélites e da internet, é possível ver o que ocorre na Austrália, nas Ilhas Malvinas, ou na Nova Guiné, sem sair do Brasil. Tudo ficou tão próximo que, cada vez mais, nos distanciamos de nós mesmos. O espaço virtual se tornou tão real que, para olhar olho no olho, é preciso apenas de telas de cristal líquido que olham o olho virtual do outro. O outro deixa de ser corpo humanizado para ser corpo pós-humano. Com isso, a crença em possuir um corpo com superpoderes. O corpo perecível se imortaliza na cibercultura.

As relações espaciais estão se tornando diferenciadas, embora as imagens continuem as mesmas. Isso reforça a tese de que não copiamos o mundo e sim o construímos. O "real", se é que ele existe, não é um fax-símile, uma representação isomórfica, e, sim, um processo de elaboração. Isso significa que o avanço da ciência nos colocou de frente com o argumento proposto há milênios pela cultura oriental: o mundo é uma ilusão cósmica (*mâyâ*) mantida pela ignorância dos humanos. O mundo é um jogo de imagens, e nós somos "fantasmas

---

[12] PARENTE, André, 3. ed. 1999, p. 29

luminosos adejando no cenário do espaço".[13] Sempre fomos virtuais, só que não sabíamos disso. E agora que sabemos, qual a próxima ignorância a nutrir?

O olho vê uma ínfima parte do que pode ser visto. Os olhos não evoluíram o bastante para vermos o que nos envolve. A espuma quântica é incompreensível aos olhos humanos. Em cada 30 gramas de ar constituídos de oxigênio, hidrogênio e nitrogênio, há incontáveis átomos que gravitam como fantasmas.[14] Somos seres quânticos misturados a essa espuma.

Ver é ter uma idéia (imagem) e poder expressá-la. Obviamente enxergar só é possível quando existe luz, mas ver vai além, quando: "vemos com os olhos do coração ao sermos compassivos", "olhamos para o interior a fim de ver a nossa existência", "enxergamos melhor a solução quando vemos mais de perto o problema", "mudamos a visão de mundo quando vemos a situação por outro ângulo". Todas essas expressões estão carregadas literalmente de linguagem visual.

Vivemos numa cultura ótica, cuja imagem transforma objetos de luz em símbolos de significação. É bom saber que a luz atravessa a pupila[15] para atingir uma superfície sensível denominada retina. É na retina que iniciamos o processo de construção do mundo. O que nos chega nos pertence.

Se vivemos numa cultura ótica não é de se estranhar que a visão manipule os outros sentidos. Os olhos são estruturas pequenas e coloridas localizadas no topo do corpo, enquanto o sentido do tato está espalhado por toda a estrutura corporal. Porém, os olhos nos dão a sensação de que precisamos. Vivemos da imagem, e a imagem nos faz ser o que a luz quer que sejamos. O difícil é saber o que a luz quer de nós. Por isso, não raro, buscamos na televisão, cinema, internet os modelos *ideais* de corpo, de conduta, de comportamento, que sejam aceitos por um olhar que não vê. Acreditamos estar sendo vigiados por câmeras a todo momento. Porém, nenhuma câmera poderá ver o nosso mundo interno. Por isso, é urgente que se conheça e reconheça esse mundo como sendo o mundo da convergência harmônica. A única imagem em que se pode confiar é a imagem de nós mesmos.

---

[13] Comentário de Paramahansa Yogananda (1998) sobre o Rubaiyat (quadras) de Omar Khayyam (poeta sufi do séc. XI): "Pois dentro e fora, e acima, em volta e abaixo há apenas/ O Jogo Mágico de Sombras que se vêem/ Na Caixa, projetadas pelo Sol – que é a Vela –, / E nós, Figuras Fantasmais que vão e vêm". p. 136.

[14] ACKERMAN, Diane, 1992.

[15] A palavra *Pupilla*, do latim, quer dizer "bonequinha".

A sociedade se envolve tanto com as imagens cinematográficas que perde de vista a própria imagem. A idéia de mundo globalizado é concebida nas imagens na tela do cinema quando o estrangeiro americano (o herói) chega ao Afeganistão (país pobre) em missão secreta (o desconhecido dá a pitada de aventura), toma champanhe francês (produto de um país rico encontrado em um país pobre) com uma bela (agradável ao modelo social de beleza) mulher suíça (país rico). O herói usa roupas de aventureiro (o estrangeiro não se mistura), em carros de *design* nunca antes visto (avanço tecnológico), a música incrementa (sucesso da banda do momento) a trilha do imaginário do consumidor. Tudo arquitetado por sagazes profissionais da mídia, da computação, da indústria do marketing. O circo fica tão bem armado que o espectador faz parte do picadeiro em instantes. Assim, todos os dias, milhões e milhões de espectadores virtuais são convidados a deixar suas vidas monótonas do trabalho e da família, para se projetarem no corpo do herói, do aventureiro, do belo. Todos correm para ter a imagem que vista melhor, querem o modelo perfeito que satisfaça ao outro. Porque quem não estiver dentro desse modelo, corre o risco da rejeição, de ser expurgado do modelo social. Estar dentro desse modelo estabelecido é mais fácil do que estar dentro de si mesmo. Muitas pessoas não encontram nada quando olham para si mesmas. Outras vezes, só encontram escuridão ensurdecedora. Portanto, é bastante compreensível entender o fascínio pelas imagens virtuais. Quanto mais imagens disponíveis, menos intimidade dos corpos. A referência espacial modificou-se rapidamente com as modernas técnicas de produção de imagens virtuais. A busca frenética pela imagem perfeita nunca foi tão grande. Todos querem encontrar a imagem certa. Por isso, buscam vestir a roupa perfeita, o relógio ideal, o carro e a casa dos sonhos, treinando movimentos corporais programados para seduzir, com a finalidade de serem aceitos.

Agradar ao outro se tornou obsessão do século XXI. São tantas imagens que, para optar por uma, é quase impossível. A era do vazio é o derradeiro momento. Nada preenche o buraco negro da falta. Ninguém sabe desejar, muito menos sabe o que se quer sem a determinação do apelo imagético da mídia. Quanto mais se tem, mais se quer ter. Somos convidados, a todo instante, a tomar água salgada para matar a sede de plenitude. O consumismo desenfreado preconiza que a felicidade está em ter uma imagem visual digna. O mundo gira alucinante, e, cada vez, fica mais difícil dar vazão a experimentar tantas imagens em tão pouco tempo. As propagandas de leite de soja transgênica nos incutem o *slogan*: "o importante é viver intensamente e melhor"; as fábricas de canetas importadas: "a arte de escrever melhor sua história de vida"; os seguros de vida vendidos por bancos assinalam: "dê segurança a sua família"; a indústria farmacêutica nos faz ser doente: "descubra uma vida melhor com o remédio tal"; as empresas de celulares nos dão a imagem certa para o nosso comportamento: "o celular que tem a sua personalidade"; alguns reclames de óleos para motores de automóveis chegam a nos ameaçar: "pare e pense: você dá o melhor para a sua família". Quando a pessoa não consegue ter tudo o que os ditames imagéticos preconizam, surge a culpa e o sentimento de irresponsabilidade. As pessoas estão se tornando programas de computador, corrompidas pelo vírus do fracasso, a não ser que se previnam com os poderosos antivírus.

A sociedade cibernética nos enche de imagens de sucesso. Enquanto isso, as contas a pagar são altas, o tempo de trabalho torna-se escasso para se ganhar tanto dinheiro para saldar as dívidas acumuladas. O lixo se acumula por não saber o que realmente é necessário. Quando não se sabe o que é importante, na dúvida, é melhor ter o máximo de opções possíveis. As pessoas se vêem pelo olhar virtual do outro. Por exemplo, em nosso país, as novelas ditam norma, moda, perfil a ser seguido como lei. Desconhecer os personagens de uma novela é estar desatualizado do "mundo real". Muitos não sabem quem foi o presidente do Brasil, mas sabem quem foi o *Dono do mundo* ou a *Senhora do destino*.

Ainda se confunde a realidade ficcional com a vida cotidiana. Os personagens fazem parte da galeria de imagens de seus espectadores e fazem ser quem eles são. Freqüentemente esses espectadores encontram-se na rua com seus atores de novela e os cumprimentam como se fossem vizinhos chegados. Quando não sabem de onde os conhecem ficam a buscar na memória a imagem perdida. Momentaneamente há a ruptura entre o real e o virtual, um estranhamento de quem é quem no cenário da vida.

A dança das imagens visuais é tão intensa que ficou difícil pensar senão por imagens visuais. O fluxo dessas imagens é fugidio, porém é mais fácil lembrar por meio delas do que por meio de imagens táteis, olfativas ou auditivas. Se eu lhe perguntar como é a sua tia-avó, você pode me descrever com mais facilidade do que se eu lhe perguntar como ela cheira, ou até mesmo o som da voz dela. Temos mais artifícios lingüísticos para expressar a visão do que outros sentidos. A memória visual é mais preeminente do que qualquer outra.

A imagem do boneco dentro da caixa

A consciência constrói espaços, cenas, imagens que nem sempre vivenciamos. No entanto, está lá, repleta de detalhes. A memória também é construída por outros. Temos a imagem, sentimos como se tivéssemos vivido a cena, porém a situação nem sempre foi vivida pelo próprio corpo (primeira pessoa), e sim pelo corpo do outro (terceira pessoa) que a vivenciou para depois contar a história. Na infância, ao escutar uma história, reiteradamente apreende-se o seu conteúdo, transformando-o em situação vivida. Pensar continuamente sobre uma história contada por outros nos faz entrar na história de tal modo que ela passa a nos pertencer.

Lembro-me de um fato da infância, o qual, durante muito tempo, acreditei ter sido vivenciado por mim, porém, mais tarde, minha mãe revelou que eu não podia me lembrar de tal fato porque eu ainda era muito pequeno. Como posso recusar a minha lembrança se ela me pertence? Confesso que, até hoje, ainda acredito ter vivenciado tal fato na primeira pessoa.

Eu tinha três anos de idade; o céu estava repleto de estrelas, e a gigantesca Lua cobria espaços escuros de um lugar sem cor. Por onde a luz da Lua passava, deixava matizes prata. Como a lembrança não se sustenta por seqüências lineares de cenas, sei que estou no velório de meu avô materno. A família de minha mãe morava num lugarejo, no interior de Minas Gerais. A casa construída no meio do nada tinha, na sua frente, o trilho do trem que se perdia de vista numa reta sem fim. Lembro-me de viajar nesse trem, de sentir a natureza seca e quente da região por meio do vento que tocava o rosto. A estrada era de terra vermelha repleta de "costelas", fazendo os carros tremerem ao passar. Havia uma grande mangueira no quintal que dava enormes mangas espada na época do Natal. Tudo era simples e pronto a ser descoberto. Não tenho detalhes de imagens, pois elas pertencem ao meu imaginário visual mais remoto.

Lembro-me de passar por baixo do caixão que ficava em cima da mesa da sala. Os mortos da família de minha mãe eram velados em casa. A mesa que repousava o caixão era a mesma mesa em que almoçaríamos no outro dia, após o enterro. Em minha lembrança, tudo era escuro, talvez porque a cena fosse fúnebre. Minha mãe me dizia que eu perguntava quem era o boneco que estava deitado dentro da caixa. Demorei a entender porque achava mórbidas as bonecas nas embalagens. Queria saber por que minha mãe chorava tanto, quem era a velha mulher esquisita que contava piada suja, e os homens que bebiam cachaça, comiam pão, enquanto outros formavam círculo para fumar cigarros de palha e contar histórias de caça de pacas e tatus. Meu tio guardava como troféus, atrás da porta do quarto, suas duas garruchas. Ele tinha predileção pelos tatus, tanto é que, no almoço após o enterro, o *menu* foi tatu assado. Era ruim ter de comer aquilo. Meu pai aconselhava a não pensar no que estava comendo; dizia: "Pense estar comendo frango assado, dá no mesmo!"

Quando trago essas imagens à tona, elas vêm como pinturas estáticas, sem movimento. Parece um cenário mórbido sem moldura. Não havia lâmpada na casa de meus avós; a luz era produzida por lampiões a querosene, e velas. É fácil entender as trevas quando não se tem luz suficiente. Ainda mais para uma criança que tudo fantasiava, por ter poucos registros mnemônicos. Ao juntar a morte do meu avô, sofrimento de perda da minha mãe e pouca iluminação, crio um cenário dramático e mórbido.

Na minha tela mental, essa situação já se modificou tantas vezes que, cada vez que relembro, tenho menos certeza se a cena de fato se desenrolou como estou contando, ou se foi minha mãe que a relatou assim. É quase certo que ela construiu a memória para mim, porém nunca terei certeza disso.

Os pais constroem memórias para os filhos. A memória, para ser criada, necessita de carga emocional que potencialize os circuitos neurais. Se a história contada se associar a traços de memória preexistente, e tiver grande apelo emocional, a memorização é certa. As crenças dos mais velhos são produzidas no imaginário dos mais novos dessa maneira. São assim que as histórias passam de geração a geração, e, por serem antigas, se torna tradição. Nem toda tradição é fato verídico, por isso, não raro, vivemos na ilusão de nossas crenças. Acreditamos que as imagens formadas na mente são verdadeiras. Porém, nem toda imagem é formada pelos sentidos, a paisagem mental é dinâmica, e a combinação de diversas imagens (antiga e presente) pode formar uma situação inventada. Isso, muitas vezes, é observado no mal-entendido. Tente contar uma história que acabou de escutar e observe como é possível somar ou cortar fatos dessa mesma história. Muitas vezes, escuto alguém dizer que não estava presente na situação, mas fulano ou cicrano disse. Se eu não posso confiar inteiramente no que vejo, imagine acreditar no que o outro vê.

É importante saber o que se vive e o que é vivido para nós. Viver através da lente de câmeras de televisão, por exemplo, é mais fácil do que viver por nós mesmos. Dizer ao outro o que fazer é tão sem sentido quanto acreditar ser possível viver a aventura dos personagens de filmes de ficção. A vivência do outro só é possível pelo arcabouço de imagens contidas na história da mente dele. Ninguém tem seqüência imagética semelhante. Cada pessoa tem a própria dinâmica de imagens mentais. Cada um tem sua consensialidade solitária. Portanto, ver é diferente de olhar. Muitos desconhecem a experiência de ver, pois vivem através da imagem do outro.

O êxtase da obra de Camille Claudel

Ver se torna fascinante quando se compreende o que é visto, ou seja, quando a participação na experiência visual é ativa. Ver ativamente é ficar extasiado com o que é apreendido pelos olhos. A arte, entretanto, é o deslumbre da visão. O deleite pela harmonia da forma pode nos levar ao êxtase.

Fiquei extasiado quando conheci a obra de Camille Claudel, cujo drama pessoal se expressa em cada linha, contorno, superfície de seus objetos. A vida de Camille Claudel, aluna e amante de Auguste Rodin, foi exasperante. Ela expressou a própria loucura sem retoques, sofreu o amargo da rejeição na pedra bruta, debilitou-se na paixão incrustante. Morreu abandonada em um hospício, após 30 anos de súplica. Enterrada anonimamente, em cova comum, não deixou marcas na lembrança da mãe ou do irmão – poeta e embaixador da França.

A impressão da rejeição e o clamor de socorro podem ser vistos na obra *A suplicante* (1899). O êxtase me gerou uma noite insone. Não era para menos; a arte perturba quando vemos a história do artista na superfície da obra. É impossível conjecturar o porquê de uma história individual; no entanto, as pegadas ficam para atordoar e angustiar quem as vê. A beleza na arte é também dialética. Ela pode ser vista no terror do desamparo, na incompletude do desejo, no amor inconciliável.

A suplicante
L'Implorante

Na escultura em bronze *A idade madura* (1898), Camille sofre pelo rompimento definitivo do relacionamento com Rodin. Desesperada, ela o deixou ir, pois acreditava que nunca lograria a liberdade, como de fato aconteceu.

A idade madura
L'Âge mûr.

Pelo fato de Camille quebrar a hipocrisia do silêncio de uma sociedade burguesa e deixar petrificada no mármore a imagem da solidão de todos nós, teve de pagar um alto preço. O grito amordaçado insurge em *Perseu e Medusa* (1901), quando não aceita compartilhar as sobras de altruísmo do amante. Destrói grande parte da própria obra, desvincula-se de seu espaço interno e petrifica Perseu (Rodin) para sempre. Ela foi além do mito, conseguiu reescrever a lenda e jaz na memória de todos os que viram sua obra com os próprios olhos.

Perseu e a Medusa Persée et la Gorgone

Camille, porventura, é desconhecida pelas pessoas que olharam e não viram suas esculturas. Quem pôde ver ficou com ela, vivenciou o drama dela como se fosse o próprio drama pessoal.

A crueldade e as nuances da história de Camille ferem como estocagem do cinzel na pedra bruta, porém aprimoram a beleza do que pode ser visto. As histórias estão aí dispostas a serem vistas por bons olhos, pois a beleza se encontra na visão e não no objeto.

"Ver para crer" é uma expressão fora de época. Pelo avanço da ciência, tudo o que vemos só pode ser visto pelo olho da dúvida. Porque é possível mostrar uma notícia de guerra pelo jornalismo televisivo sem que haja uma guerra real; olhar corpos jovens e bonitos retocados por programas de computação com tecnologia de última geração; assistir aos efeitos especiais nos filmes e se emocionar sem qualquer sentido; é possível olhar uma foto e acreditar na presença da pessoa ausente. Nunca fomos tão absorvidos pelas fotografias quanto agora. Susan Sontag escreve:

> Uma foto é tanto uma pseudopresença quanto uma prova de ausência. Como o fogo da lareira num quarto, as fotos – sobretudo as de pessoas, de paisagens distantes e de cidades remotas, do passado desaparecido – são estímulos para o sonho. O sentido do inatingível que pode ser evocado por fotos alimenta, de forma direta, sentimentos eróticos nas pessoas para quem a desejabilidade é intensificada pela distância. A foto do amante escondida na carteira de uma mulher casada, o cartaz de um astro de rock pregado acima da cama de um adolescente, o broche de campanha, com o rosto de um político, pregado ao paletó de um eleitor, as fotos dos filhos de um motorista de táxi coladas no painel do carro – todos esses usos talismânicos das fotos exprimem uma emoção sentimental e um sentimento implicitamente mágico: são tentativas de contatar ou de pleitear outra realidade.[16]

As imagens visuais contemporâneas já provaram sua hegemonia e força; agora só nos resta duvidar de nosso sentido visual.

As imagens mentais são construídas de acordo com os nossos interesses – nem sempre conscientes. Como na história da noite do velório de meu avô, as imagens são criações bastante surreais. Não há como conhecer os fatos, pois, como no retrato de família, pendurado na parede, tudo se esvaece através do tempo, a memória é sorrateira. Da mesma maneira, a visão da obra da artista é uma criação surreal. Nunca serei capaz de saber quem foi Camille Claudel, como a paixão por Rodin corrompeu o seu corpo e a sua vida.

---

[16] SONTAG, Susan, 2004, p. 27.

A memória tem linguagem própria dependente de cada sistema individual, e não da vontade do sujeito. Tanto na lembrança da noite do velório de meu avô quanto na obra de Claudel, ambas criadas por imagens visuais, sinto o meu personagem construir fatos que não tenho certeza saber. Ninguém conhecerá a história do outro do mesmo modo de quem a viveu.

Ao ver uma história na tela do cinema, é construída uma miscelânea de imagens mentais. No entanto, a construção é feita de acordo com a intenção do autor da história. Sentir a dor pelo viés do outro (ator) é simples porque nos arriscamos menos. Todos vivem dentro dos limites de segurança, rejeitam a experiência do fato. Pelo olhar da imagem visual do cinema, da televisão, das revistas, ficou mais simples ser aventureiro sem sair de casa. A imagem – geração *fast-food* – está sempre pronta para ser vivida no imaginário do espectador.

Enfim, somos imagens interagindo com outras imagens. Nossa história é projeção na tela da vida. Quem pode nos assistir construirá o *script* do modo que quiser e puder. Portanto, a minha história é diferente para mim do que é para quem me vê. Nunca poderei ter a confirmação de outrem. Se assim o fizer, corromperei a mim mesmo, por deixar me levar ao enredo da história do outro. Para quem tem história, é injusto deixar-se abandonar ao esquecimento e ao anonimato.

Estar na pele

Velhos!... Mas, quando, ansioso, de repente,
Nas suas mãos as minhas palmas ponho,
Ressurge a nossa primavera ardente,
Na terra em bênçãos, sob um sol risonho.

Milagre – Olavo Bilac

Na pele, os corpos se encontram. A linguagem da pele é não-verbal e congruente, liga uma pessoa à outra, concretiza relacionamentos. Ela é membrana-fronteira entre o eu e o mundo (não-eu). No limite *pele-eu/pele-outro*, pode emergir satisfação, recusa, prazer, abominação, saudade, saudação, calmaria, terror, ardor, tepidez, expansão, contração. Todo sentimento é formado inicialmente pelas sensações. Não é o outro a constituir sentimentos, e sim o próprio sujeito. Não é possível trazer para dentro o que habita fora, porque o exterior nada mais é do que imagem formada na mente de quem imagina. Entretanto, pela pele, atinge-se a maior aproximação possível do estar junto, sentir o pertencer, nutrir o compartilhar. A pele é a antítese do isolamento. Ao entrar na pele do outro, a magia do encontro irrompe, e a distância diminui. O abraço se torna proteção, aproximação, amparo. A pele é o órgão da solidariedade porque pode resguardar o sofredor dos golpes da indignidade, privação, desumanidade. Portanto, o tato é o sentido mais humanitário de todos.

Quando alguém, por exemplo, se sente desolado pela morte de uma pessoa querida, o simples toque no ombro já oferece respaldo de solidariedade. O sofrer é multiforme. Cada pessoa tem seu modo de sofrer. Ele é subjetivo e intransferível. Não há meios de quantificar a dor de alguém. Não há meios de dizer se o padecimento é maior ou menor, se vem do corpo ou da alma. O corpo é manifestação, a alma é incorporação. O complexo corpo/alma é o que nos faz *ser*. Ninguém vive plenamente sem o contato. Como a própria palavra denota, *con-tato* é "estar na pele com o outro".

Hipócrates usava a expressão: "Curar quando possível, aliviar sempre". Quando atendo uma pessoa mais velha, principalmente, verifico que o mais importante é o cuidar, envolver, trazer para perto, retirar as amarras do isolamento. A cura é somente uma conseqüência. O ato intencional carrega em si a magia do processo. Não consigo ver meios de tratar que não seja pela pele. A pele do doente adquire outra textura; ele quer receber, ser contemplado, acreditar ser merecedor da cura. Curar é integrar. Portanto, está na pele a porta para o corpo/alma. A integração pode ser alcançada quando a pele é tocada, porque a pele é totalidade.

Para se estar na pele com o outro, é preciso respirar o mesmo espaço, conviver. A convivência respaldada no âmbito da solidariedade determina que o sentir o que o outro sente é a chance de obter o alívio. Este é o princípio nobre da compaixão: sentir o padecimento com o outro sem indiferença, entrar na pele e se tornar parte do corpo sofredor. Estar na pele junto ao outro é comungar sentimentos, porque o que está mais próximo ao corpo é mais fácil de fazer parte dele.

Receptores da pele e as portas de percepção do corpo

R. Melzack e P. D. Wall, dois eminentes pesquisadores da dor, publicaram, em 1965, na revista *Science*, um artigo revolucionário: "Mecanismos da dor: uma nova teoria". Eles demonstraram por que, ao bater uma parte do corpo na quina da mesa, imediatamente, a pessoa esfrega inconscientemente a mão na região. Um simples toque na região dolorida é suficiente para estimular vários receptores da pele deflagrando sinais nervosos, que serão conduzidos até a medula espinhal (substância gelatinosa), onde serão modulados os impulsos dolorosos, a fim de aliviar a dor. A substância gelatinosa funciona como um verdadeiro portão. Os impulsos de dor são permitidos ou não atravessar a medula espinhal e subir ao cérebro. Essa teoria ficou conhecida como "teoria do portão". O alívio ocorre porque são estimulados receptores táteis que propiciam o fechamento do portão à dor. Se os impulsos de dor não chegarem ao cérebro, não haverá dor. Isso reforça a teoria, cuja discussão foi feita na primeira parte, de que sentimos no cérebro o mapa do corpo.

Cada sensação depende da estimulação de um receptor cutâneo específico. No entanto, é impossível sentir uma única sensação, porque experimentar a sensação é sentir um *mix* de estímulos sensoriais de complexidade crescente. A tatilidade propicia ao corpo apreender sua situação; o corpo se acende, deixa de ser objeto para ser existência viva, sensibilizada. Estar parado sem ser tocado é estar à mercê de elucubrações sem fim. O corpo referencia os acontecimentos, dando-lhes novos significados e meios de ressignificá-los.

Enquanto os outros sentidos estão associados a pequenos órgãos como olhos, boca, nariz, ouvidos, o tato é bastante variado porque seus receptores estão espalhados por todo o corpo. Em um pedaço de pele de 3cm de diâmetro encontram-se aproximadamente 50 terminações nervosas. Acredita-se que haja em torno de 50 receptores por 100 milímetros quadrados de pele, totalizando 640 mil receptores.[17] Isso demonstra a complexidade desse sentido. Quando uma região do corpo é tocada, apenas uma ínfima capacidade sensorial é percebida. O que cada um sente é somente o refinamento realizado pelo filtro do córtex cerebral, que propicia ao sujeito saber (cognição) acerca do que acaba de afetá-lo.

---

[17] MONTAGU, Ashley, 1988.

Obviamente somos banhados pelo rio invisível dos estímulos táteis a todo instante. Quando saímos da sombra em direção ao sol, o calor preenche e toca o corpo, aquecendo-o. Quando a brisa da noite de verão assovia no corpo, o frio sutil é experimentado, e a necessidade de abraço e proteção é requerida. Se não houver ninguém para fazê-lo, é fácil se contentar no cruzamento dos braços, num gesto de auto-envolvimento.

A pele possui prioridade estrutural sobre todos os outros sentidos pelo menos em três aspectos. O primeiro, como já referi, é a sua extensão; a pele recobre todo o corpo. Segundo, o tato contém em si vários sentidos distintos (calor, frio, dor, pressão), ou seja, na pele, existem terminações nervosas de vários tipos: terminações livres como fios desencapados, e terminações encapsuladas por bainhas de tecido conjuntivo, em forma de pequenos botões. Nas regiões do corpo onde não existem pêlos, a sensibilidade se torna mais especializada. Essas regiões são especificamente voltadas à exploração do mundo. Assim, lábios, língua e palma das mãos são regiões ricamente dotadas de receptores sensoriais, preparadas para obter o conhecimento do mundo. O terceiro aspecto diz respeito à característica reflexiva. O tato é o único sentido que gera experiências sensoriais simultâneas. Isto é, quando o sujeito toca com sua mão uma região do próprio corpo, sente a parte tocada e a própria pele da mão que toca. Isso demonstra que ninguém pode tocar sem ser tocado simultaneamente. O toque nunca é unilateral, ele é, ao mesmo tempo, passivo-receptivo e ativo-doador, tendo, desse modo, natureza interdependente. Isso fica claro ao cruzar as mãos. Sempre há uma mão que toca e outra que é tocada. Quem vê de fora não consegue discernir qual a mão ativa e a passiva. Experimente cruzar as mãos e perceber qual a sua mão ativa. Mantendo as mãos cruzadas, sinta uma mudança espacial do toque. A mão que era ativa, torne-a passiva. Percebeu que a mão ativa tem relação direta com a atividade dominante? Pois bem, isso significa que tocar é mais do que uma força mecânica sobre a pele, é principalmente uma representação na mente.

Embora devam existir pelo menos 20 tipos diferentes de receptores somatossensoriais em todo o corpo, eles são classificados em três grupos principais, dependendo do tipo de sensação que geram. Eles são denominados de receptores nociceptivos, haptotatismos e proprioceptivos. Os primeiros são responsáveis pela sensação de dor e temperatura; os segundos estão relacionados com os objetos que possuem contato com o corpo; os terceiros são receptores profundos localizados nas articulações e músculos, fornecendo o sentido da posição do corpo no espaço.

Os receptores estão localizados tanto nas camadas superficiais quanto nas camadas profundas da pele. Fundamentalmente são responsáveis pelo evento da sensação, ou seja, quando ocorre e se ainda está ocorrendo estimulação na pele. Essas informações são transmitidas por Receptores de Adaptação Rápida (RAR), que respondem ao início e ao fim do estímulo, produzindo uma breve sensação. Existem três classes desses receptores: os corpúsculos de Ruffini (sensações de vibração), os corpúsculos de Pacini (sensações de tremor), os corpúsculos de Meissner (sensações de toque simples); e Receptores de Adaptação Lenta (RAL), que detectam se um estímulo ainda está ocorrendo, mantendo-o ativo durante um período maior. Os RALs mais conhecidos são os corpúsculos de Merckel.

Se não fossem os RALs, teríamos a sensação estranha de estarmos sem roupa. Quando colocamos uma roupa, ela, em poucos segundos, deixa de ser sentida para fazer parte de nosso corpo. A roupa se torna uma segunda pele. Incorporar a roupa através da pele é fácil, e fazemos isso todos os dias, tanto é que raramente pensamos em nosso corpo sem vestimenta. A roupa tem uma relação tão íntima com a pele que dificilmente nos vemos nus em sonho, ou mesmo na imaginação lúcida. Isso é demonstrado nas aplicações de testes de desenhos projetivos, que servem para avaliar a atividade psicomotora do sujeito. Cada um de nós tem uma representação do corpo desenhada na mente, denominada imagem corporal. O desenho da figura humana capta parte dessa imagem do corpo. Segundo o grande estudioso de testes projetivos Emanuel F. Hammer, a maioria dos desenhos projetivos apresenta figuras vestidas. Se os desenhos forem nus e as partes genitais enfatizadas, o sujeito pode querer expressar revolta contra a sociedade ou mesmo conflitos sexuais.[18]

Os proprioceptores são os nossos receptores pessoais, próprios, só dizem respeito a nós mesmos. São eles que nos capacitam saber como o nosso corpo se coloca no espaço. Eles podem dizer se estamos com o braço cruzado ou estendido sem que precisemos olhar para os braços. Ficamos livres quando não precisamos prestar atenção onde o corpo está localizado.

---

[18]HAMMER, Emanuel F., 1991.

Atualmente o sentido proprioceptivo é considerado o sexto sentido. Ele é profundo, vindo de nossa estrutura primitiva, responsável pelos gestos mais arcaicos, e regulador dos gestos mais finos. Os movimentos precisam ser apurados para se conseguir estar em acordo com o ambiente. Sabemos melhor de nossa situação quando nos movimentamos.

Quando atendo, inicialmente o que preciso saber é se a pessoa tem noção do corpo no espaço, ou se ela está descorporificada. Se estiver, ela não saberá, ao certo, a posição do corpo, vacilará em dizer se ele está reto ou inclinado. Sempre avalio o posicionamento da pessoa deitada. Enquanto lavo as mãos, peço para que deite e arrume o corpo, de maneira reta na cama. É um tempo que dou à pessoa para pensar acerca do próprio corpo. Como o corpo pertence ao sujeito que o tem, ele tem de saber onde se encontra. Não podemos saber quem somos se não estivermos na própria pele. Não raro, as pessoas que se abandonaram há tempos, ou que se deixaram subjugar pela escolha de outrem, desconhecem a posição do próprio corpo no espaço. Por isso, o toque é fundamental em qualquer processo terapêutico, pois ter o reconhecimento fronteiriço do corpo é saber acerca da própria existência.

Ao abandonar a própria pele, a pessoa se deixa invadir, desconhece limites, empobrece a vontade, denegrindo desejos autênticos. As escolhas se anuviam, a dúvida toma conta. A pessoa fora da pele deseja ter o outro, ao mesmo tempo em que é objeto de pertença dos outros. Ninguém usa ninguém sem ser usado, porque ninguém pode tocar sem ser tocado. No limite pele-eu/pele-outro, não existe agente ativo e agente passivo; o que existe é somente a ilusão de ser dominador e dominado.

Outro aspecto interessante é que um mesmo toque possui representações totalmente diferentes. O sujeito fornece significados específicos para cada ato de tocar. Por exemplo, o toque masculino é idêntico mecanicamente ao toque feminino. Porém, quando interpretadas pelas perspectivas subjetivas, as representações se tornam diferenciadas.

Tocar é ato, perceber é valorar o ato. Há dois aspectos no gesto tátil: o que afeta (onde) e como afeta (qual). O primeiro tem conotação objetiva e espacial; o segundo, subjetiva e temporal. A pele, enfim, é um *continuum*; não há como separar um aspecto do outro.

Sonhos de vôos fora da pele

Toda experiência nasce no interagir com o mundo. A cada momento, ocorre um acordo entre o corpo e os objetos (mundo, pessoas etc.). Quando o toque irrompe, ele vem permeado de intencionalidade. Em suma, o toque nunca é em vão.

O complexo tátil fornece o senso de espacialidade do corpo. É por meio desse sentido que o sujeito conhece o próprio corpo, ao mesmo tempo em que tem noção de pertencer ao meio. O autoconhecimento nasce na situação do corpo – *gnothi seauton*[19]. É fundamental galgar regiões do corpo com sabedoria, respeito e atenção. A reflexão acerca do corpo permite "estar na pele" e, conseqüentemente, ancorado no "real".

Sentir-se conectado com a realidade é uma das experiências mais marcantes que a pessoa pode ter. Todos querem ter a experiência de estar vivo, viver situações tangíveis. Por isso, às vezes, a pessoa se sente enganada pelas experiências oníricas. Sonhar é produzir imagens mentais, do mesmo modo que no estado de vigília, porém em padrões de consciência diferenciados. A produção de imagens nunca cessa, porque são elas a fornecer um significado para o viver. A experiência sem significado é interpretada como irreal.

No sonho, as imagens táteis são praticamente substituídas pelas imagens visuais. É muito mais difícil sonhar com o toque, pois ele se referencia mais aos estados de vigília, fortalece sensações de concretude. São as imagens táteis a delimitarem fronteiras do que se denomina "real". O sonho passa a ser desconsiderado como real. Porém, se os estados oníricos e os estados de vigília são produtos da mente, como classificar o que é mais real? Se tudo é produto da mente, nada é real?

O real é crença. Cada um escreve o seu mito pessoal e vive nele. Portanto, estar acordado em sonho e sonhar em vigília são aspectos tão factíveis quanto o contrário. Contudo, aprendemos a nos orientar pela pele para confirmar o senso de realidade. Quando alguém adquire algo tão sonhado, não raro, pede ao outro para beliscar a pele para ver se está sonhando. Viver pressupõe viver no corpo, ou melhor, na pele que envolve. O tocar dá vida à realidade como a conhecemos. Por isso, busca-se tocar o que se vê. Não é fácil confiar no que se vê sem poder tocar. A confiança parte do corpo e retorna a ele. Essa

---

[19] "Conhece-te a ti mesmo" – escrito no Templo de Delfos – Grécia.

retroalimentação indica a situação vivida. Estar situado é estar limitado. No limite, reside a segurança de saber onde se está.

Na adolescência, é freqüente a experiência de sonhos de quedas. A pessoa sonha cair e, por instantes, sente a angústia do vazio e da aproximação do solo. Ao chocar-se ao solo, a pessoa acorda, sente-se aliviada por não ter tido uma experiência "real", apenas sonho. Entretanto, ao acordar, a pessoa percebe tensão no corpo, e, muitas vezes, os músculos permanecem doloridos por todo o dia. Isso demonstra que a experiência vivida no sonho, mesmo sem correspondência com o estado de vigília, não deixa de ser "real" no momento em que ocorre a experiência. Quando o corpo registra a sensação, ela permanece por mais tempo. Isso quer dizer que acreditamos em nossos sonhos enquanto os vivemos. Mesmo após acordar, se houver marcas profundas no corpo, a lembrança do sonho permanecerá durante muito mais tempo.

Minha adolescência foi preenchida por sonhos de vôos e quedas. Sonhava que era erguido do chão e voava por cima do prédio de três andares no lugarejo onde eu morava. Saía daquele lugar em direção a grandes cidades iluminadas. Era um vislumbre perceber a beleza do alto. Sentia a brisa se enroscar em meus cabelos e o poder de ser o que desejava. Tudo era deslumbrante e muito maior do que eu conhecia em vigília. Porém, de repente, algo acontecia, e eu começava a cair, parecia fracassar, sentia a angústia da queda e a aproximação do solo; a sensação de pânico era iminente, e o impacto ao chão, inevitável. Quando me chocava ao solo, não sentia dor, mas a aflição era suficiente para me acordar.

Soube, mais tarde, que os meus sonhos de vôo e queda representavam a busca de liberdade e o receio da frustração – origem dos estados de ansiedade. Ao compreender o processo, minha ansiedade diminuiu. Passei a entender que a ansiedade era a promessa de recompensa mesclada com o medo da dor. Todo sentimento ambíguo faz o corpo sofrer, tanto que consegui, além de criar uma úlcera duodenal, criar garras nos meus dedos dos pés. O corpo materializa a forma simbólica que damos a ele. Eu tinha a sensação de ser uma águia, grande, poderosa e, principalmente, livre. Precisava abandonar o mais rápido possível a minha adolescência, desejava ser "alguém" com nome próprio e residência fixa.

Todas as noites, eu insistia em viver novamente a experiência, mesmo sem gostar de sofrer a queda. Muitas vezes, sonhei cair num vazio escuro, sem contornos e limites. O nada da escuridão preenchia todo o meu corpo. A sensação era magnífica, não havia medo, só prazer. Dormir tornou-se um bálsamo revitalizante para as ambições e as energias empregadas durante o estado de vigília na busca incessante pela autenticidade. Abandonava, aos poucos, a angústia da existência. Pode parecer bobagem, mas a minha ansiedade melhorou muito quando escutei o meu instrutor de meditação dizer que era tolice elucubrar a altura do muro até alcançá-lo. Porém, a úlcera curou de vez quando iniciei a experiência do fluxo do rio. A imagem do rio foi curativa quando compreendi que a correnteza do rio é a mesma desde a nascente até a foz. Não há como apressá-lo; ele vive a própria temporalidade, mesclando-se com águas diversas e se fortalecendo no fluxo. Se nada é separado de nada, é importante ter a pele fluida para as relações. Quando percebi que nada está fora, tudo está em meu imaginário, passei a brincar de viver.

A magia do sonho se tornava "real"; acreditava assim. Apesar de muitas frustrações e dúvidas, as experiências de novas sensações foram cada vez mais marcantes. Quando acordava, levava comigo a lembrança e, com ela, sentia-me mais forte para buscar a emancipação. Minha família tinha regras rígidas, e voar era a saída. Mesmo que quisesse dizer que eu não havia voado, porque não existiam asas, posso hoje afirmar que voei. Se eu fui capaz de sentir o vôo, é porque voei.

O que diferencia um sonho da vigília é somente o padrão de estimulação cerebral; ora o cérebro está mais ativo[20], o que gera o estado de vigília, ora está menos ativo, o que gera o estado de sono. O sono ainda é um mistério, mas sabemos suficientemente para afirmar que dormir não é um cessar total da atividade do cérebro. Nunca paramos de construir imagens. Elas são infinitamente dinâmicas, seja em qual estado for. Se elas são reais ou irreais, depende do valor que lhes impingimos. O significado concedido à sensação é o que a torna mais ou menos real.

A pele e o significado da vida

Vivemos em busca de significados para nos sentirmos vivos. Não aceitamos que a vida possa ser somente nascer, envelhecer e morrer. É inaceitável não haver significado. Por isso, a angústia da modernidade pela falta de

[20] O cérebro está mais ativo no estado de vigília em decorrência da estimulação da formação reticular, localizada na região do tronco cerebral. Nesse local, há um sistema denominado de SARA (Sistema Ativador Reticular Ascendente), que regula os estímulos ao córtex cerebral, mantendo-o mais ou menos estimulado.

significado. Todos buscam desesperadamente o reconhecimento para facilitar o contato com o "mundo real". Não existe mundo externo sem que haja correspondência com o mundo interno. Somos o nosso interior a projetar imagens no perceptível. Isto é, a percepção é algo a sair de nós. O que pode ser sentido é elaborado por padrões neurais e enfatizado pela situação externa.

O mundo, no entanto, é um simulacro. Nem por isso ele é menos verdadeiro, pois a verdade é também construção da mente individual, corroborada pela mente coletiva. Nunca seremos aptos a encontrar a certeza do real, porquanto a realidade é somente um conceito.

Os sentidos fornecem-nos a capacidade de saber o que experimentamos. Entre os mais importantes, parece estar o tato, pois é o primeiro a surgir no desenvolvimento embrionário e serve de base para todos os outros sentidos. Com menos de seis semanas de gestação, o feto já demonstra sensibilidade tátil[21], o corpo é suficientemente sensível para interagir com o mundo por meio das experiências corporais da mãe.

De acordo com Francis Mott[22], os sentimentos libidinosos são gerados ainda dentro da vida uterina quando a pele é estimulada pela lanugem do líquido amniótico. O corpo do feto passa três ou quatro meses movendo-se nas "águas do âmnion", desenvolvendo sentimentos de prazer pela ação contínua de carga e descarga de tensão do corpo. São as nossas primeiras experiências orgásticas. Todos nós sentimos prazer ao descontrair o corpo após longa contração. Toda experiência de liberação é prazerosa. A dor, em contrapartida, está na tensão contínua da carne, na angústia, no retesamento, no controle sem pausa.

Procurar o prazer e recusar a dor é condição *sine qua non*, e a pele é a fronteira dessas sensações. Buscamos o prazer, a liberação da carga, o afastamento do sofrer. A evolução da espécie depende disso. Muitos mitos foram criados a fim de conter a descarga, senão viveríamos sem limites, e isso poderia ser mortal. Ícaro, deslumbrado com as asas de cera, encontrou o prazer voando até o sol, embora tenha morrido por não respeitar os próprios limites.

Alguns mitos são construídos pelo receio de deixar ir e não sobrar nada, pela ameaça de dor, pelo risco da morte. Conseqüentemente, alguns

---

[21] MONTAGU, Ashley, 1988.

[22] Citado por BOADELLA, David., 1992.

mitos contraem o prazer, aumentando a carga e, por conseguinte, alastrando sofrimento. Cada mito é um jogo de imagens, realizado na mente coletiva.

Numa cultura não-tátil cuja dor é permitida, sobretudo enaltecida, paga-se um preço alto pela falta de liberdade. A sensação de desconforto (contração muscular duradoura) cria sentimentos de culpa, rejeição, traição, desamor, desesperança. Por outro lado, a liberdade está na pele, pois é nela que formamos sentimentos de serenidade (liberação da tensão).

A partir do apego e da separação aprendemos a diferenciar, delimitar, experimentar o eu do não-eu. A relativização é fundamental para o reconhecimento e a importância do *"Princípio Eu-Tu"*[23]. A pele baseia-se na ambigüidade, é a fronteira que separa ao mesmo tempo em que une, aproxima e propicia a referência do afastamento. É a partir do eu que romperei com os limites de minha pele para estar junto ao outro. Posso me conhecer através da pele do outro, sentir-me incluído, aceito, partícipe. Sair da pele e experimentar o mundo, e retornar a ela para adquirir o autoconhecimento. Eu me desdobro e me torno sem rugas (simples) quando me abro ao outro e deixo que o outro me penetre.

Interagir é movimentar-se, porém, sem a sensação tátil, não há movimento, sem movimento não há vida. Portanto, para se expressar e se desenvolver, é preciso flexibilidade e movimento livre. Ao nos comunicarmos, evoluímos.

O tempo e as imagens mentais

Um coração tranqüilo jamais é derrotado pelo tempo. Sob a superfície escondida nas profundezas das nossas obsessivas reações emocionais existe uma fonte de sentimentos que jorra sem cessar, circulando por todo o nosso ser até as células e os tecidos do nosso corpo mortal.

Jacob Needleman

A imagem é uma figuração pertencente à subjetividade. Mesmo que o objeto seja inexistente no mundo sensível, ele poderá existir no imaginário. A

[23] Referencio-me a BUBER, Martin., 1979.

mente é um cenário esfuziante no qual transitam incontáveis imagens. Vivemos a maior parte do tempo construindo imagens sem que elas tenham correspondência com os objetos do mundo físico. Esta é a faculdade do pensamento: elos de imagens que formam uma corrente de cenários, pelos quais criamos desejos, quereres, intenções. As imagens servem para nos guiar no mundo, e somos livres para criá-las. Nossa evolução depende das imagens, porque elas nos facilitam compreender o caminho. A criação de imagens nos propicia tanto a libertação quanto o aprisionamento. A escolha está em cada um. Podemos optar pela emancipação ou cair na armadilha da preocupação. Ambas são ilusórias, porém a preocupação se relaciona à dificuldade do encontro com nós mesmos. As imagens estão no tempo do sujeito. Elas são abstratas como o próprio tempo. Isto é, se estou ocupado em planejar o futuro, não estarei presente em minha própria presença. Estar no tempo presente é estar conectado com o Eu profundo, reconhecendo que o tempo está em mim e não fora.

Vivemos em dois tempos: o tempo cronológico, objetivo, o tempo do relógio (construído pelo homem a fim de gerir o controle); e o tempo vivido, subjetivo, o tempo da consciência, da alma.

Em nossa subjetividade, reconhecemos que o tempo é diferente para cada situação. Sabemos que o tempo do sofrimento não é o mesmo do prazer, o tempo da espera não é o mesmo da ação, o tempo da saudade não é o mesmo do encontro. Compreendemos os diferentes tempos porque eles estão em nós e nos fazem. São variações de um mesmo tema. Por isso, não cabe dizer que temos somente o tempo objetivo. Pelo contrário, o tempo do relógio é o que nos aprisiona, limita, perturba, faz-nos sentir a falta.

A preocupação com o futuro é se ocupar de nada. Quem perde a própria presença é levado ao nada do futuro. Esse tempo, por ser vazio, é preenchido pelo medo da perda, incerteza de realização, insegurança do inesperado.

O presente é fugaz a ponto de quase não ter existência. Contudo, é nele que podemos confiar, porque é o tempo possível. Outro tempo é inviável. A idéia de futuro é uma construção aleatória de imagens, gerando ação improdutiva. O enaltecimento contínuo do futuro garante apenas a alienação. As pessoas inventam métodos que poupem tempo, produzem máquinas para diminuir o trabalho, a fim de restar mais tempo para outros afazeres. As máquinas roubam o tempo porque, quanto mais se obtém o tempo livre, mais se pensa, planeja o futuro, permanecendo ocupado na não-realização. Relaxar o corpo é inconcebível, pois a palavra *relaxada* denota a idéia de pessoa relapsa, que não cumpre com os deveres, desmazelada. Nesse caso, os homens-máquina visam somente lucros e não perdem tempo, precisam produzir sem refletir acerca do que eles significam. O único significado pelo qual compreendem é da ordem da eficiência, poder, ganhos. Enquanto isso, a vida flui acelerada sem que se perceba a transitoriedade da existência. Quando se perde o deslumbre pelos acontecimentos simples deixa-se de existir na vida para insistir na sobrevivência.

Todo esforço de sobrevivência desgasta o significado do ser e, por conseguinte, provoca angústia de falta de significado. A concepção de trabalho deve ser vista de outro modo. Buscar significado no trabalho é tolice; o importante é encontrar um trabalho significativo. Para isso, é fundamental a autoconsciência. Quando entramos em contato com o nosso ser, é fácil reconhecer nossas necessidades, anulando ambições que só nos trazem sensação de perdição.

Se, por um lado, as máquinas são construídas para pouparem tempo, por outro, as pessoas se angustiam com a passagem inexorável do tempo. A angústia se torna marcante a ponto de as pessoas congelarem os momentos por meio de fotografias. O engano é que uma foto não representa a experiência vivida. A fotografia é estática, irreal, sem existência. As fotografias são traços congelados de um tempo passado que jamais se reconstituirá em sua inteireza. São pedaços sem vida, rascunhos de uma passagem. Ainda assim, as pessoas acreditam poder se apropriar das imagens consolidadas no papel, achando que não as perderão por nada.

Do mesmo modo, algumas pessoas acreditam ser possível reter o mundo na mente por meio das lembranças. O passado, assim como o futuro, não pode nos dar nada, porque são dois tempos inexistentes. Não podemos confiar na memória porque sabemos que ela nos trai. A memória é revestida de passado com traços de presente. Não há como ter o que já se foi. Toda lembrança é um conjunto de imagens da mente que está no tempo presente, e o que está no tempo é passagem. Mesmo que nos esforcemos em lembrar uma cena do passado, nunca teremos força o suficiente para trazer à tona as imagens de nossos pais que já se foram, a imagem do primeiro beijo, ou de nossos filhos quando eram crianças. Tudo se foi, hoje só temos o hoje; neste instante, só temos o agora. Um presente que se desenrola em novos presentes. A lembrança e a esperança são fragmentos de nosso presente. Reter a imagem por meio da fotografia não prova que a realidade do passado existiu como a relatamos. Toda história se fundamenta de tempo presente. Por isso, não há certeza alguma de que o que aconteceu foi da maneira que o contamos. Posso me munir de detalhes, mas serão construções de novas imagens, que, ao mesmo tempo, são evocações da memória, mescladas com a percepção do vivido presente. A certeza é sempre uma cristalização, porque o que é certo não muda, não sofre transição. A certeza não se alimenta de tempo, só de idéias.

Ver com idéias

A palavra "idéia" vem do grego *Ideîn* que significa "ver". No entanto, ter uma idéia é ver com os olhos da mente, é enxergar com o olho imaterial, simbólico, metafórico. A imagem mental não é uma fotografia, porque não tem moldura, delimitação espacial. Como vimos, o que está na mente pertence ao tempo e não ao espaço. Sendo assim, a imagem está em toda parte e em parte alguma. Ela não pode ser aprisionada, emoldurada, cristalizada no cenário mental. Toda imagem mental se esvai pela passagem temporal, pois o tempo é fugidio, inapreensível. Ele existe na fuga, desaparece no instante para abrir portas aos outros tempos. Estamos sempre num constante presente que nunca é o mesmo porque muda, porém sem deixar de ser presente. Toda presença se preenche de presente. Nada pode ser o que já foi, assim como nada será o que ainda não é. A lei da temporalidade diz que somos o tempo porque o tempo está em nós e não fora de nós. Correr atrás dele é tão sem sentido quanto correr atrás do próprio rabo, como fazem os cachorros.

A mente dinâmica não pode ser colocada dentro de uma caixa de laboratório para ser pesquisada pelo método científico. Como já dissemos, o que se pesquisa não é a mente, e sim o comportamento. O comportamento é a fotografia emoldurada de um tempo que nos escapa. Nunca podemos ser os mesmos porque temos novos comportamentos que não cessam de surgir; portanto somos passageiros de nossa passagem. Em cada presente, somos um novo sujeito sempre no presente. Como dizia Santo Agostinho:

> Os tempos são três: presente das coisas passadas, presente das presentes, presente das futuras. Existem, pois, estes três tempos na minha mente que não vejo em outra parte: lembrança presente das coisas passadas, visão presente das coisas presentes e esperança presente das coisas futuras.[24]

O tempo é uma pertença da mente que não pára de acontecer, porque o que é do tempo tem de se modificar, fazer a travessia.

As imagens da mente são mutáveis e variáveis porque se alimentam de tempo. Por isso, desconhecemos onde se inicia um pensamento e onde termina o outro. O pensamento é o coletivo de idéias, portanto fluxo contínuo de ressignificação. O que penso agora não será o mesmo que pensarei daqui a alguns instantes. O que pensei antes não é mais o que penso agora. Em resumo, as imagens mentais são dinâmicas no fluxo do tempo, no ser-tempo[25].

O pensamento é um desenrolar de imagens que constrói objetivos para o presente-futuro, avaliando as cenas do presente-passado. Por isso, o pensamento é um jogo de ilusão. Não é fácil sentir a presença do presente enquanto se constroem imagens em meio a devaneios. O tormento da falta de tempo das pessoas reside na intranqüilidade com o que já possuem, por isso querem mais, correndo para não ter prejuízos. A expressão americana "*time is money*" preconiza que a perda de tempo (ilusório) é perda de dinheiro.

Viver na era do descartável é complicado. Quanto mais se descarta o antigo para encontrar o novo, mais insatisfação se acha. Assim, as pessoas querem ter, preencher vazios, completar lacunas a fim de obter significados precisos. Quanto maior a insistência e o esforço, menos presença no presente. A única paisagem a ser contemplada está aqui e agora, exatamente no único tempo que temos: o presente é o que é. Sem a presença do presente, perde-se a oportunidade de ver com os olhos da mente o significado de ser quem somos. Isso gera o vazio, nada entre nadas. Enquanto as pessoas estiverem fora delas mesmas, menos chances terão de se encontrarem. O que está fora se alimenta pelo olhar do outro que não pode enxergar a própria interioridade.

---

[24] AGOSTINHO, Santo, 2000, p. 328.

[25] Para André Comte-Sponville (2000), o tempo é o ser, e se o ser é ser presente, então o tempo é o sendo. Para o autor, o ser-tempo é "a unidade indissociável, no presente, do ser e de sua duração" (p. 100).

A passagem será sempre a linguagem da mente, porque ela é viva e incerta. Naturalmente podemos dizer sobre os estados da mente para nos referirmos a estados alterados, ou mesmo "anormais". No entanto, a mente é única. Não existe mente doente, porque a mente não se perfaz por valores. O valor é precípuo para as normas sociais. O que é normatizado é estanque, sem flexibilidade. Isso significa que podemos nos referir a cérebros incapacitados em desenvolver alguma tarefa, comparados a outros que são capazes de fazê-lo. Porém, as mentes são diferentes, e não anormais. Elas são processos do sujeito e de sua história. O "deficiente mental", por exemplo, é deficiente para as normas de uma sociedade que tenta igualar comportamentos. Isso significa que o estranho é um outro modo de ser, e não um problema.

Quando discutimos sobre a mente, é difícil determinar os limites do normal e do anormal. O que pode ser loucura para uns pode ser vivacidade e criatividade para outros. Não podemos nos arriscar cair em justificativas normativas do que é certo ou errado. Isso seria como as fotografias, que são apenas vestígios sem existência real.

As imagens são fragmentos que se unem a outros fragmentos para formar o que denominamos de idéia. A idéia não é cópia das coisas, e sim um processo de construção e reconstrução de elos imagéticos. As imagens são reunidas para formar significado. Todavia, onde encontramos o significado? Pelo olho da mente. Quando olhamos e contemplamos a nossa própria imagem. Se eu paro para ver o que habita a esfera de minha interioridade, passo a ser proprietário de meu tempo. Sei que ele me pertence e, portanto, sei que sou todos os tempos. A angústia se dissipa em abertura para a eternidade. Quando me refiro à eternidade, não quero dizer acerca de um tempo imortal, mas sim um tempo que me pertence em todas as épocas. Isto é, a totalidade de minha existência no tempo que tenho, o agora. Posso sentir o fluxo do meu próprio tempo fluir lentamente dentro de mim. Querer ser sujeito do próprio tempo é uma escolha sábia. É preciso encontrar o significado da vida através da mente que nos pertence. Assim, teremos todo o tempo e a sabedoria. Como Aristóteles nos ensinou:

"Um homem sábio nunca tem pressa".

PARTE III

A consciência

A consciência é luz perpétua.

A consciência é inefável

O Tao que pode ser pronunciado
não é o Tao eterno.
O nome que pode ser proferido
não é o Nome eterno.

Lao-Tzu

A PALAVRA *CONSCIÊNCIA* DERIVA DO LATIM *conscientia*, que significa "conhecimento de alguma coisa". Todos nós sabemos o que ela é, mas defini-la não é simples. A consciência sempre foi tema de grandes discussões entre filósofos, psicólogos, físicos, neurocientistas. Atualmente, com o progresso da tecnologia, vários cientistas tentam desvelar o mistério da consciência baseado no substrato neural. A meu ver, enquanto a consciência for compreendida apenas como produto do cérebro, teremos muitas lacunas a preencher. Porém, como a ciência se fundamenta em *insights*, ela continuará a levantar hipóteses.

A consciência é subjetiva, de ordem ontológica, e não epistêmica. Os cientistas mais inovadores sabem que somente o método científico não dá conta de entendê-la. Por isso, buscam a filosofia como aliada. O grande problema de entendimento está no fenômeno da primeira pessoa, ou seja, como conhecer como nós conhecemos.

O conhecimento pertence ao indivíduo, diz respeito à sua subjetividade. Conhecer é um ato sem palavras, vai além delas. Uma criança que nasce cega, surda e muda não deixa de ser consciente. A consciência não é só o pensamento, porque independe de conceitos lingüísticos. Ela existe antes que as palavras surjam. Ela é a experiência imediata do que cada um de nós denomina de "real".

Se a experiência é um fenômeno da primeira pessoa, o "real" pertence a quem o experimenta. Contudo, não estamos sozinhos no mundo e, por isso, nos esforçamos para expressar ao outro o que habita em nós. É fundamental estar dentro da rede de conversação. Participar do mundo consensual é importante para que fomentemos significações. Vivemos melhor quando adquirimos sentido e significado.

Na transição simbólica do mundo subjetivo para o objetivo, ou seja, para o mundo do outro, de terceira pessoa, o conhecimento sofre deformações. Não temos outro modo de compartilhar o "real", mesmo sabendo que o que denominamos de "real" é relativo à consciência individual. Nesse sentido, conhecer é uma tentativa de adequação entre o eu (primeira pessoa, o subjetivo) e o outro (terceira pessoa, o objetivo). Temos mundos diferentes e formas próprias de linguagem para transmitir aos outros. Buscamos uma justaposição que corrobore o conhecimento do mundo. Podemos acreditar que o que dizemos ao outro é conhecimento puro, porém o que o outro recebe só pode estar baseado no que ele tem dentro de si. Por assim dizer, existirá sempre um espaço a ser preenchido. Não raro, na transição da linguagem, há ruído e má compreensão. O que queremos expressar nem sempre é realizado do modo que intencionamos. O que habita em nossa consciência pertence a nós, não pode ser compartilhado de maneira fidedigna, sem sofrer deformações. A consciência é inefável. Tentar transcrever a subjetividade é buscar meios para tornar os símbolos mais inteligíveis.

Vivemos em um mundo simbólico. A confirmação do que vivenciamos nem sempre é o que acreditamos vivenciar. Por exemplo, quando queremos comunicar ao outro um sentimento como o amor, muitas vezes, desconhecemos a melhor linguagem, não encontramos palavras que expressem o que o corpo sente, mesmo quando compartilhamos a mesma situação com o outro. Embora nos esforcemos, o que é captado pelo outro pertence somente a ele. Cada um sente e interpreta de modo diferente. Por isso, não raro, há interferências no trânsito simbólico do conhecimento.

Procuramos a melhor palavra, a melhor definição, conceitos inteligíveis para o outro. Fazemos assim para sermos compreendidos. Isso nos permite estar em relação. Mesmo com determinação, a dúvida permanecerá, uma vez que o outro tem sua própria intencionalidade. Conhecer o que o outro conhece é tão difícil, ou impossível. A compreensão tem de estar fundamentada na confiança para não haver rejeição.

Muitas vezes, os casais apaixonados discutem a quantificação do amor. Um quer saber se o que o outro sente é o mesmo sentimento ou até um sentimento maior. Nunca será possível saber. Não podemos medir o que não se pode medir. O amor é indefinível. Viveremos sempre na incerteza do que o outro sente, mesmo que ele se esforce para expressar. Toda relação deve estar baseada na confiança mútua. Esse é o único meio de atingir a compreensão recíproca. Carregaremos a dúvida até o fim de nossos dias. Para não ficarmos sobrecarregados de incredulidade, é preciso nos abrir ao outro e saber que ser humano é ser incerto, improvável, imprevisível. A confiança é cega, surda e muda. Ela não participa do mundo dos sentidos, mas é conteúdo da consciência.

A fim de adequarmos o sentir para que a realidade tenha forma, é preciso estar ciente da situação. Pintamos na grande tela da realidade com pincéis de sensações e sentimentos. Cada nuance do real tem cores, movimento e significado diferentes. Por assim dizer, o mundo objetivo nada mais é do que aparência, no qual estamos livres para criar o que desejarmos.

A epistemologia busca desvendar o "véu do real". O problema é saber em que acreditar, pois não acreditamos naquilo que esteja fora de nossas convicções. Nós nos abrimos para o mundo, baseados no conhecimento que já habita em nós. Partimos de nossas crenças para confirmá-las. Quero dizer, com isso, que não somos imparciais no que diz respeito ao conhecimento. Colocamo-nos repletos de expectativas a fim de confirmar o "real". Sair de nós para descobrir o que existe só é possível a partir de um ponto de referência, que somos nós mesmos. Ninguém parte do nada. Toda existência pressupõe um conhecimento preexistente. Em suma, não há como escapar de nós mesmos.

Não quero complicar, como tampouco pretendo simplificar o que não pode ser simplificado. Porém, tentarei expor minhas questões e incursões a fim de que o leitor possa tirar suas próprias conclusões.

Os estados paralelos da consciência

Como observamos, definir consciência não é suficiente para o problema que ela inclui. De modo simples, poderia dizer que estar consciente é um estado de vigília. Ou seja, estou acordado e não dormindo, por isso conheço o que está ocorrendo em torno de mim neste exato momento. Assim, posso afirmar que estou sozinho, sentado no sofá de meu escritório às quatro horas da tarde. Como posso ter certeza disso? Primeiro, porque sinto a totalidade do meu corpo. Isso quer dizer que sou munido de diferentes sentidos, como visto anteriormente, e, por isso, o meu corpo me auxilia no conhecimento da postura no espaço. Se eu sei onde me encontro, posso afirmar que estou sentado em um sofá. Segundo, se eu estou sozinho, é porque não tem ninguém aqui comigo, pois os meus sentidos comprovam a inexistência de outra pessoa neste momento. Terceiro, eu sei que são quatro horas da tarde porque tenho um instrumento chamado relógio, que marca um número conceitual que aprendi a conhecer.

Isso seria simples se não existissem os *Estados Paralelos de Consciência* – EPCs. Os EPCs são representações na mente que não só auxiliam no conhecimento do entorno da situação como também trazem à tona situações passadas ou projeções futuras. A consciência é a integração de diversas experiências conscientes ou não, fornecendo uma unificação de cenas que não podem ser decompostas em elementos independentes.

Quando estou focalizado numa ação central, estou, ao mesmo tempo, focalizado em ações paralelas do que ocorre aqui e agora. Por exemplo, enquanto escrevo, sei que estou sozinho sentado no sofá do meu escritório e tenho um relógio que me mostra a hora. Isso não importa para mim em primeiro plano. O que é relevante para mim é saber o que e como escrevo. O mais importante, no momento, é a idéia (cenas semânticas) que será impressa no papel. Porém, não deixo de lado, enquanto penso e escrevo, experiências paralelas, alcançadas pelos meus sentidos, como o som de carros que passam na rua, o som da música clássica que escuto, do vento que atravessa a janela tocando minha pele, e o frescor em meu corpo, o que provoca sentimentos agradáveis, deixando-me mais apto para pensar. O sentimento é também elemento que atua para dar conformidade à minha consciência.

Os EPCs podem ir ainda mais longe. Posso estar aqui e agora pensando no que escrevo, ao mesmo tempo em que estou no passado, vivenciando situações que ocorreram comigo nessa manhã, assim como fazer planos futuros para esta noite.

Estar consciente é mais do que estar acordado. Tenho o foco central no que faço e estados paralelos que me auxiliam construir sentimentos e pensamentos, determinando, a todo instante, quem eu sou. Então, mesmo estando distante do foco central, não me abandono. Temos diversos pensamentos enquanto realizamos outras tarefas. Lembro-me de uma senhora que atendo me perguntar: "Você pensa muito?" Respondi que sim. Então, ela indagou: "Mesmo quando está guiando seu automóvel?" Mais uma vez respondi que sim. Ela aconselhou: "Tome cuidado. Com carro não se brinca. Se dirigir, não pense." Obviamente não deixamos de pensar em outras coisas enquanto dirigimos, pois, enquanto focalizo minha atenção central no trânsito, deixo meus EPCs fluírem pela reflexão.

Todavia, há o risco de nos aprofundarmos demais na reflexão, tornando-a o foco central. Se ela for mais intensa, trocamos o foco central da consciência. O que quero dizer é que quando estou dirigindo já tenho alguns mapas mentais condicionados a fazer determinadas tarefas de meu cotidiano. Isso me proporciona pensar em outras coisas ao mesmo tempo. Porém, não raro, quando mudo minha rotina, costumo me perder momentaneamente. Às vezes, vou parar na casa de uma pessoa para atendê-la em horário ou dia errados. Isso devido a uma reflexão profunda quando estou guiando. A noção que tenho de mim mesmo quando me aprofundo nos meus questionamentos, principalmente existenciais, é que me torno um *zumbi* sem direção. Ando apenas movido pelo condicionamento.

É muito fácil nos direcionarmos ao passado e ao futuro e estarmos pouco conscientes do momento presente. Tanto é fácil que as grandes religiões orientais têm por objetivo "trazer" a consciência para o presente, o aqui e o agora, o momento "real". Vivemos nas aparências na maior parte do tempo. O momento presente é fugidio, por isso nos escapa caso não prestemos atenção ao corpo. O corpo é uma referência importante para estarmos realmente vivos.

Estar transitando entre passado e futuro é mais comum do que imaginamos. Quem leciona tem essa experiência freqüentemente. Observamos os alunos olharem para o professor, mas estão muito distantes dali. Ou seja, a consciência central não está no momento e no espaço dividido por outros, e, sim, no trânsito temporal passado-futuro. A aula se torna um EPC. Conseguir tirá-los desse transe do pensamento reverberante não é algo simples. O que nos torna conscientes é também o que nos satisfaz, gera-nos prazer. Por isso, quando estamos insatisfeitos, não conseguimos estar no momento presente, ficamos desatentos, esquecemos com facilidade. Os insatisfeitos estão em toda parte, menos presentes no mundo consensual.

Mundo consensual e não-consensual

Arnold Mindell[1] cunhou os termos Realidade Consensual (RC) e Realidade Não-Consensual (RNC) para diferenciar os estados de consciência. Para ele, vivemos em mundos diferentes, mas complementares. A RC é o que as pessoas, de um modo geral, denominam de "mundo real". Isto é, o mundo no qual as percepções alheias corroboram minha percepção levando-me ao senso comum da realidade. Esse mundo é impessoal porque implica um acordo geral coletivo das pessoas. A RNC é, por outro lado, pessoal e intransferível, pois diz respeito somente ao indivíduo e suas experiências subjetivas. Nesse mundo, não há confirmação de outrem. Por isso, é também um mundo repleto de dúvidas e incertezas por não ter correspondência coletiva.

Nós trafegamos por entre os dois mundos o tempo todo. Tanto um quanto o outro são reais. A realidade se faz presente em ambas as concepções, não sendo uma mais importante do que a outra. A consciência envolve os dois mundos unificando-os. Portanto, o real é, na melhor das hipóteses, uma questão de opinião, e não um fato objetivo. A objetividade é apenas um lado da moeda que não está separado da consciência. O que é real no mundo pessoal pode não ser no impessoal.

Mindell assinala que o problema surge quando o "real" se torna verdade absoluta. Isso significa que quando uma experiência não corresponde às experiências de outros, ela se torna insignificante, de menos valor, sendo marginalizada.

Devido à concepção mecanicista, a subjetividade tornou-se um problema. O que não se pode mensurar não faz parte da realidade. O humano se fragmenta quando busca a confirmação de outros para suas próprias sensações e sentimentos. A ciência procura justificativas para o real, analisando, separando, isolando. Por isso, por exemplo, o que justifica a dor de alguém é o exame e o diagnóstico do problema, e não a sensação subjetiva da dor em si. Será que só sabemos que temos febre quando o termômetro marca um determinado número que justifique a febre? A sensação do estado febril não é suficiente para justificar a febre. Estamos habituados a levar em consideração somente o que pode ser verificado. Nenhum exame avançado e diagnóstico apurado resolvem a dor de alguém. Porém, o que não pode ser comprovado é

[1] MINDELL, Arnold, 2000.

visto com o olhar da dúvida. Na área da saúde, ainda mantemos os princípios cartesianos. O que não pode ser medido, entendido pelas leis de causa e efeito, não é levado em consideração. Isso é tão marcante em nossa cultura que duvidamos de nossas sensações quando um profissional diz que o que sentimos não passa de "problemas psicológicos", mesmo que o sofrimento seja intenso o suficiente para determinar uma mudança plausível em nosso corpo. A subjetividade é cada vez mais marginalizada em nossa cultura mecanicista. O que importa é o olhar do outro e não o que sentimos.

Há uma passagem interessante no *best-seller A erva do diabo*, de Carlos Castaneda, no qual ele experimenta uma mistura de ervas alucinógenas que o faz transformar-se em um corvo. Castaneda era estudante de Antropologia do curso de pós-graduação da Universidade da Califórnia. Durante cinco anos, conviveu com Dom Juan, um velho índio yaqui de Sonora, no México, conhecido como *brujo* – curandeiro e feiticeiro. Durante esse tempo, Dom Juan ensinou Castaneda a usar o peiote e outras plantas alucinógenas, que abrem as portas da percepção, iniciando-o nos métodos para atingir a visão e o manejo do mundo extra-sensorial.

Após fumar o cachimbo com a mistura de ervas, Castaneda inicia uma transformação espantosa. O corpo dele não podia se mover, ou não sabia como se mover. Segundo Dom Juan, ele não tinha mais um corpo de homem, e sim de corvo. O *brujo* ensinava o aprendiz a ter um corpo de corvo. Ele dizia que as asas do corvo sairiam pelos maxilares. Ordenou que Castaneda as estendesse o máximo que podia, pois, do contrário, não conseguiria voar. Quando as asas surgiram, Dom Juan disse para batê-las até o movimento se tornar asas verdadeiras. A cabeça ainda era muito pesada. O brujo disse para ele piscar várias vezes. Cada vez que piscasse, a cabeça diminuiria. Após conscientizar-se de que era um corvo, deveria andar e pular até perder a rigidez. Ele deveria experimentar ser um verdadeiro corvo. Para voar, Castaneda teria de obter esse conhecimento. Tinha de aprender a ver como um corvo. Após piscar um olho de cada vez e ter visão lateral, o *brujo* disse que ele estava pronto para o vôo. Ele deveria se lançar no ar.

> Assim que Dom Juan mencionou que me "lançara no ar", tive uma vaga lembrança de uma cena completamente clara, em que estava olhando diretamente para ele de alguma distância [...] A imagem

> seguinte foi aquela em que Dom Juan tinha realmente me lançado numa direção para frente. Lembrei-me de 'ter estendido as asas e voado'. Senti-me sozinho, cortando o ar, movendo-me para frente com dificuldade....[2]

O interessante nisso tudo foi que Castaneda, mesmo após ter experimentado sensações de vôo, ainda tinha dúvidas se realmente havia voado. Ele pergunta ao *brujo*: "Virei mesmo corvo? Quero dizer, qualquer pessoa que me visse pensaria que eu era um corvo comum?" Dom Juan, sendo um "homem de sabedoria", responde: "você não pode pensar assim... Essas perguntas não têm sentido e, no entanto, virar corvo é a coisa mais simples do mundo..."[3]

Ele finaliza dizendo: "Talvez, se você não tivesse tanto medo de ficar maluco, ou de perder seu corpo, entendesse esse segredo maravilhoso. Mas talvez deva esperar até perder o medo para entender o que eu quero dizer."[4]

A história de Castaneda ilustra bem a desconfiança acerca da RNC. Ele não acreditava estar voando se não tivesse a confirmação de seu mestre. Marginalizar a RNC é perder o contato com a experiência direta. Sempre que contamos ao outro nossa experiência, inventamos histórias. Quando tentamos traduzir a situação, traímos a nós mesmos. Quando contamos histórias para alguém, com certeza, deixamos muita coisa para trás. A descrição da realidade é um processo incompleto. Toda vivência é inefável porque pertence à primeira pessoa. Quando dividimos (análise) a experiência, corremos o risco de perdê-la. Portanto, a RC é só uma pequena parte do que vivemos.

Em suma, a realidade é a soma do que contamos e do que não podemos contar. Graças à consciência como processo integrador de RNC e RC, podemos ter noção da vida que levamos. Sabemos quem somos pelo fato de os sentimentos interagirem com a percepção presente que temos do mundo. Não estamos isolados, e sim somos processos inextricáveis de todos os eventos vividos.

A RC é fugidia. A maior parte do tempo, nós estamos no mundo pessoal, determinando o que criaremos no futuro. Somos seres criativos desde o nascimento até a morte. O simples olhar direcionado para um objeto faz-nos criá-lo imediatamente. O processo criativo é tão rápido que não conseguimos

---

[2] CASTANEDA, Carlos, 2000, p. 162.

[3] Idem, p. 168.

[4] Ibidem, p. 169.

conceber que ele tenha saído primeiro de nós, ou seja, que a representação do objeto formada na mente propiciou o processo criativo e a concretização na RC. Parece que os objetos sempre estiveram no lugar que deixamos. Felizmente, a física quântica nos revela que só podemos entrar em contato com o mundo (colapso de onda) por meio de nossa intencionalidade. Isto é, somos nós, como observadores, que formamos o mundo observado. Os objetos são sempre símbolos que transitam em nossa consciência antes mesmo de serem percebidos como objetos físicos. A realidade brota por um flerte entre o objeto e o observador.

O mesmo ocorre quando encontramos alguém que não víamos há muito tempo. O outro surge porque o criamos. Porém, o outro é também participante do processo de co-criação. Isto é, do mesmo modo que nós o criamos, ele também nos cria. É a interação das consciências individuais que propicia o encontro. Uma verdadeira dança compartilhada entre os sujeitos. Quando o outro surge à frente, passamos de um estado de consciência para outro, transitamos entre RNC e a RC, a fim de estabelecer uma linguagem. Toda relação humana é relação impessoal. Mesmo que a relação interpessoal se estabeleça como de costume, pois ela nos é familiar, nunca é a mesma. Somos sempre diferentes. Criamos de modo diferente a realidade a cada segundo. Contudo, nosso sistema cerebral possui uma base de organização que nos permite compreender a situação como sendo familiar. Sistemas invariáveis de mapas neuronais se organizam de maneira que nos sujeitam compreender a situação como sendo familiar. A memória é formada de tal modo que temos a impressão de constância do mundo. Como dizia Heráclito: "Não podemos entrar duas vezes no mesmo rio". E não podemos mesmo, pois somos seres dinâmicos modificando a organização das experiências de modo sutil a cada instante.

A mudança é o que nos propicia novos modelos de nós mesmos. Nossas células se modificam a cada fluxo de pensamento. Quantas células, neste momento, estão se despedindo, morrendo para deixar espaços para novas construções! É assim que vivemos e, no entanto, reforçamos nossa esperança. A consciência nos possibilita integrar a experiência, mas sempre haverá algo diferente. Mesmo que eu conheça a pessoa que não vejo há muito tempo, ela nunca será a mesma pessoa. Eu sou outro, ela é outra. Pode parecer uma mesma cena, mas o sistema de organização nunca é igual.

Para nos mantermos na vida, construímos e desconstruímos cenários. Pintar a grande tela do real é o que nos motiva continuar. São várias tentativas de acerto e erro. Não raro, o que parece certo para mim pode não ser ao outro. Por isso, surge o ruído, o conflito, a desunião. Quantas vezes não achamos que nossos antigos amigos se tornaram diferentes, estranhos? Será que foram eles, ou nós? Ambos. Ninguém se mantém com a mesma configuração. Saber disso nos traz compreensão, minimiza conflitos, aguça o respeito. Mesmo que tudo possa parecer repetição, nada é o que já foi um dia.

Compartilhar a RC em sincronismo com o outro não é simples. Nem sempre o outro dança conforme a música que tocamos. Do mesmo modo, somos incapazes de dançar no ritmo do outro quando ele não justifica nossas crenças. Não pode haver compreensão sem ritmo compartilhado.

O pássaro azul

Certa vez, eu atendia uma mulher de 80 anos de idade que sofria de dores na coluna, tinha muitas dificuldades em caminhar. Ela morava sozinha, e a solidão a angustiava. Um dia, quando cheguei ao apartamento dela, encontrei-a triste e aborrecida porque o filho havia recriminado-a por ter se matriculado em um curso de informática. Ele disse que ela não tinha mais idade para estudar, que ela estava sendo tola e imatura. Não havia por que querer retornar aos estudos na idade dela, não conseguiria aprender. Porém, pelo fato de morar sozinha, tinha curiosidade acerca da internet. Queria descobrir novas amizades, pois algumas amigas tinham computador e a incentivavam a experimentar o mundo virtual. Ela queria preencher o tempo com outras atividades que não fossem tricotar, ler e assistir a novelas.

Ela estava tão magoada com o filho que queria desistir de tudo. A opinião dele era marcante, reforçando a impossibilidade de ela obter o aprendizado.

Durante 20 minutos chorou muito. Abracei-a e, encostando sua cabeça em meu peito, esperei que acalmasse. Ela não conseguia entender por que o filho havia sido tão severo, uma vez que tinha feito tudo por ele. "Nunca neguei nada a ele. Por que ele faz isso comigo?", questionava soluçando.

Depois de chorar, foi relaxando e soltando o corpo. Quando senti que o corpo dela se entregava ao meu, percebi que se sentia apoiada, consolada. Então, disse que uma situação pode ser vista por diversos ângulos. O que nos fere é também questão de escolha. Podemos nos sentir feridos dependendo do modo como valorizamos a nossa própria dor.

Ela morava no 12° andar de um prédio, no centro da cidade. Naquela tarde de outono, o céu azul era reluzente, não havia uma única nuvem para testemunhar o que contarei.

Quando disse a ela que a escolha é o que nos move, e que tudo pode ser transformado pelo olhar de quem decide ver, um pássaro azul pousou no terraço do prédio vizinho, logo à frente. O pássaro iniciou um canto sublime. Eu nunca havia visto um pássaro como aquele. Fiquei tão deslumbrado com a experiência que resolvi usá-la para o meu discurso (é importante estar atento aos sinais e usá-los no processo terapêutico):

> Se você puder perceber, existem situações em que podemos optar por deslumbrar. Você consegue ver e ouvir aquele lindo pássaro? Ele veio ao nosso encontro para confirmar que a beleza surge quando menos esperamos. Tudo surge para nos convidar a transformar o olhar.

Ela choramingava quando assentiu com a cabeça. Secou as lágrimas com o dorso das mãos e ficou em silêncio. Solicitei que respirasse profundamente e sentisse a respiração como renovação. Pedi que percebesse a beleza do momento e ainda reforcei: "O céu nos protege e ainda nos envia seus guardiões de pura beleza para nos indicar caminhos".

Em pouco tempo, ela estava renovada, sentia-se bem, conversava sobre outros assuntos. Terminei a sessão e fui embora. Quando saí do apartamento também me senti renovado e bastante impressionado com o que tinha vivido naquela tarde. É incrível como podemos modificar nosso moral em instantes; basta estar aberto à experiência. O pássaro azul parecia magia, principalmente pelo fato de nunca ter visto um pássaro como aquele. Enfim, eis o mistério da vida.

Na semana seguinte, encontrei-a bem melhor, mais disposta e sem dores. Resolvi conversar sobre o que havia ocorrido, e, para a minha surpresa, ela disse que eu tinha um dom de fazê-la se sentir bem; "você foi muito generoso criando aquela linda estória do pássaro azul. Você me devolveu a magia de infância, e isso me fez muito bem."

Quando percebi que ela falava sério, e que não havia compartilhado comigo aquela experiência, fiquei chocado. Pensei em retrucar, mas pensei que, se eu fizesse, estaria corrompendo a realidade não-consensual dela. Contudo, não resisti em perguntá-la se ela não tinha experienciado nada daquilo que eu havia experienciado. Ela respondeu que não, mas não importava, pois o resultado tinha sido fantástico. Logo, ela mudou de assunto e me deixou sozinho em minha realidade não-consensual.

Estava claro que ela não tinha visto o pássaro azul. Para ela, eu estava apenas criando meios para que se sentisse melhor. Eram simplesmente técnicas terapêuticas. Fiquei confuso e frustrado, pois, no fundo, queria a confirmação para a minha realidade. Comecei a duvidar de mim mesmo. Será que eu tinha criado aquela cena? Como eu poderia ter criado tudo aquilo? O dia estava claro demais para haver dúvidas, o céu de um silencioso azul propiciava aquele magnífico canto ao vento. Enfim, estava sozinho com a minha experiência não-consensual. Não podia ter comprovações. Ninguém, nem mesmo eu, podia afirmar que tinha sido "verdade" o que vivenciei. Mesmo assim, eu assumi a mim mesmo que os meus olhos da mente não me enganaram, e, por isso, tudo era verdadeiro. O mais interessante é que, até hoje, tenho comigo a imagem nítida do pássaro azul e seu canto deslumbrante.

Consciência é solidão

O homem nasce só, vive só, morre só.

Buda

O mundo é formatado pela intimidade. O que está fora são aparências. A consciência é uma sala de espelhos. Para onde focalizo o olhar, só vejo a mim mesmo. O que posso alcançar – imagens, fantasias, desejos, opiniões, crenças, sentimentos – é o meu próprio mundo. Enfim, estou só. Mesmo que eu tente assumir uma posição social, em busca de outros, não posso estar longe de mim. Não posso me abandonar. Mesmo dormindo, sou convidado a me ver nos sonhos. Os sonhos me pertencem, assim como os pesadelos. Negá-los seria afastar-me de minha verdade.

A consciência é um fenômeno da primeira pessoa: *eu*. A consciência é solidão, mas não é isolamento. Ela me pertence, mas, como os outros também possuem suas consciências, é possível o inter-relacionamento. A comunicação é subterfúgio para sair de dentro da esfera da interioridade para participar com o outro da criação do mundo. Cada um de nós tem um pedaço do quebra-cabeça. Por isso, somos interdependentes no espaço de convivência. É na arena social que todos se alimentam de conhecimento. Aprecio a sabedoria indígena norte-americana ao se referir à amizade: "Cada vez que acolhes teu irmão, acolhes a parte misteriosa de ti mesmo que se acha no outro. O mesmo acontece com ele, e é assim que a amizade se torna comunhão."[5]

Ninguém pode sofrer, amar, regozijar-se por mim. Ninguém pode viver ou morrer em meu lugar. Não tenho como sair de mim. Estou em mim para mim. Esta é a condição para que eu seja *eu mesmo*. Ao mesmo tempo em que estou só, tenho também a capacidade de me emancipar. Viver é como atravessar o rio da vida em uma canoa. Quando eu chegar do outro lado, abandonarei a canoa, em função da morte, para que ela pereça em seu próprio tempo. Um tempo que deixarei para trás, como tudo. Viver é fluxo incessante, passagem inexorável. O que possuo é somente experiências e descobertas. Tudo o que me foi possível ter ciência me pertence, mais nada. Não é possível almejar o que não tenho ciência. Ter ciência é estar acordado para o conhecimento imediato. O aqui e agora é tão solitário quanto eterno.

A consciência aciona a atenção seletiva, abrindo-me ao conhecimento. Por meio da consciência, tenho sensações que posso sentir, pensamentos que posso pensar, crenças que me fazem ser quem eu sou. Sou escravo de mim mesmo ou sou livre por mim mesmo. A escolha pertence a mim como um pião que ouso colocar a girar. Estar consciente é ter o farol que ilumina as escolhas. A solidão me auxilia a entender que tudo está presente. Para avançar, é preciso optar pelo primeiro passo em busca da comunhão com o outro.

O mundo objetivo é só uma maneira de entender a realidade. Nunca saberemos o que ele é totalmente, pois não estamos na realidade sem antes

---

[5] BOURRE, Jean-Paul, 2005, p. 64.

estarmos em nós mesmos. Como afirma Thomas Nagel: "As crenças giram em torno de como as coisas provavelmente são, não apenas de como poderiam possivelmente ser".[6]

Como tenho crenças acerca do mundo, porque fui condicionado a percebê-lo como ele se apresenta para mim, então tenho dificuldades para percebê-lo de outra maneira. Sou prisioneiro de meus próprios condicionamentos. Acredito no que os meus sentidos dizem. Principalmente quando eles são confirmados pelos outros. Acredito nas aparências. Sou o que vejo, toco, ouço. Crio teorias, explicações que me dêem satisfações. Sou livre para criar, mesmo que seja para me enganar.

A argumentação pode parecer solipsista se não entendêssemos a existência de outras consciências. A compreensão surge quando saio de mim para tentar entender a existência do outro que se coloca *para si*. Por assim dizer, entender é conjectura. Se o outro é só aparência, sou o eu projetado na imagem do outro *para mim*. Do mesmo modo, empresto-me, como imagem, ao outro para ser modelo de representação.

O outro se torna objeto quando eu o represento para mim. Do mesmo modo, torno-me o objeto do outro quando ele me representa para ele. Somos possuídos e possuidores uns dos outros. Assim evoluímos no mundo, aprendendo a ser o que ainda não fomos, deixando de ser o que já fomos.

Seria a realidade um jogo de imagens no espelho?

Quando criança adorava ir aos parques de diversão para assistir a Monga – a mulher que se transformava em gorila. Gostava de sentir medo para confirmar minha coragem, mostrando aos colegas minha pretensa força. Assim, podia manter minha posição ao lado deles. Todo garoto tem receio de ser covarde.

O espetáculo ocorria dentro de um ônibus velho e enferrujado. Todos os parques que chegavam até o lugar onde morava eram antigos e sem recursos. Dentro do ônibus, só havia escuridão, até surgir na penumbra, o apresentador com uma linguagem que beirava ao ridículo. Todos estavam ansiosos

---

[6] NAGEL, Thomas, 2004, p. 144.

para a exibição. A primeira vez que assisti ao espetáculo, não tive coragem de ir sozinho, mas o meu pai me deu apoio e foi comigo, segurava a minha mão suada de excitação. Meus olhos estavam esbugalhados de expectativas, quando apareceu uma jovem atrás de grades, trajando um biquíni puído. Ela seria a personagem que se transformaria em gorila. Sabia que ela sofreria a mutação, porém desconhecia o desfecho.

Quando o *show* começou, achava tudo muito engraçado, até o momento em que a mulher começou a se transformar em um enorme gorila e a bater na grade. O barulho produzia um efeito assustador. Quando o gorila saía das grades indo a direção da platéia, o medo era intenso, fazendo as pernas tremerem. Na primeira vez, não tive coragem de ficar até o fim, saí correndo, sentindo-me humilhado de tanta covardia.

Durante muito tempo, fiquei intrigado com o truque. Mais tarde, compreendi que era um jogo de imagens interpostas entre a mulher e um homem fantasiado de gorila. Tudo aparência. Porém, era tão verossímil que me aterrorizava. Mesmo "conscientemente" sabendo que tudo aquilo não passava de truque, não deixava de ter medo. Para o meu corpo, que balançava como vara verde, tudo era muito real. Os sentidos mentiam para mim. De modo não-consciente, desconhecia a diferença entre real e irreal. Mesmo entendendo que era só um truque tosco, não deixava de me apavorar. Não tinha controle do meu corpo. Ele tinha vida própria e me fazia correr.

Esse exemplo ilustra o quanto nós desconhecemos o que podemos acreditar ser um fato real ou não. Somos enganados pelos sentidos e, em cada época da vida, somos enganados de forma diferente. Eu cresci e voltei ao parque para assistir ao *show*. Queria sentir a sensação de criança. Dessa vez, não fui com o meu pai, e sim com uma namorada. Ainda precisava do outro para confirmar minha coragem.

Sabia como o truque era feito e que não precisava ter medo. Tudo era apenas simulação aos sentidos, uma brincadeira com os instintos básicos de defesa e sobrevivência. Dessa vez, eu já era mais maduro, tinha mais conteúdos para analisar a situação e ver os defeitos daquele ilusionismo banal. Entramos e ficamos bem na frente. Minha namorada, que não conhecia a apresentação, decidiu ficar atrás de mim. Ela não sabia o que aconteceria.

O espetáculo iniciou-se como sempre. O apresentador sabia tudo de cor. O tempo havia passado, e nada era diferente do tempo de infância. Quando a transformação começou, mesmo que eu não quisesse pensar, pois sabia como tudo terminaria, surgiu uma dúvida: e se o gorila que não é gorila, mas um homem travestido, resolver dar um soco nas pessoas que estão na frente, machucando-as? Como eu era o primeiro da fila, levaria o primeiro soco. Precisava me defender. Sem pensar, meu corpo começou a se armar, tensionando os músculos. Ou seja, o corpo criava uma realidade de medo/defesa. Sabia que não era realidade consensual, o que não deixava de ser real para mim (realidade não-consensual). Justificava com a expressão: "Sei lá o que pode acontecer". Por isso, eu precisava me proteger. De maneira não-consciente, cerrei os punhos esperando o gorila sair da cela. Se ele se atrevesse a tocar o meu corpo, estava pronto para atacá-lo. Quando ele rompeu com as grades e saiu em minha direção, não consegui me mexer. Fiquei imobilizado sem nenhuma reação, a não ser sentir as batidas do coração que estavam aceleradas. Suei bastante, e nem tanto calor fazia, era inverno.

Quando o espetáculo terminou, saímos rindo, aliviados. Eu e minha namorada estávamos a salvo. Ninguém se feriu. Porém, o medo e os instintos de proteção ainda estavam abalados. Resolvemos tomar uma cerveja gelada para anestesiar os sentidos, a fim de nos sentirmos melhor.

O que denominamos de real é também um truque feito pela consciência, baseado em imagens mentais colecionadas durante toda a vida. Conhecer acerca da realidade consensual nem sempre é o que acreditamos ser o real não-consensual. Eu já havia experimentado a sensação do espetáculo da Monga; mesmo assim, o meu corpo se preparou para lutar ou fugir. De um modo não-consciente, a situação de risco era evidente; o gorila era tão real que poderia ferir. Eu sabia, em um de meus estados paralelos de consciência, que tudo não passava de um truque tosco. No entanto, em outro estado de consciência, tinha minhas dúvidas.

O corpo é sábio. A inteligência não pertence só ao cérebro, ela está incrustada nas células e tecidos, nos humores e secreções. A substância inteligente percorre o corpo como um rio trilha seu destino. Ela nos faz agir independentemente da vontade consciente. Somos mais do que podemos compreender pela vontade deliberada.

Todo esforço para explicar os atos de uma pessoa é insuficiente perante o que ela mesma pode compreender. Somos movidos pela força de realização, independentemente de sabermos o que queremos ou acreditamos. Temos liberdade de escolha, mas ela não é somente individual, é interdependente de diversas escolhas. Por isso, não podemos pensar que convenceremos o outro a não temer determinada situação só pelo fato de já termos experimentado e verificado que a situação é segura. O poder de convencimento não está só em quem quer convencer, mas também em quem aceita ser convencido. Eis o livre-arbítrio de cada um.

Em alguns processos terapêuticos, costumo trabalhar com as pessoas em cima de "bolas suíças". Essas bolas geram desequilíbrio do corpo e muito medo de cair em quem tudo quer controlar. Algumas pessoas têm medo de cair porque não querem passar pela transformação. Mesmo que a situação em que vivem esteja ruim, não querem "trocar o certo pelo duvidoso". É como se a borboleta se lamentasse em ser borboleta querendo retornar ao casulo. Romper as margens para criar outras histórias é ter novas possibilidades. O medo bloqueia o acontecimento, deteriora a experiência naquilo que já se conhece. O medo é fragmentador, gera na pessoa a sensação ilusória de que será extinta caso deixe-se levar. O medo de cair pode significar medo do fracasso, humilhação, desistência, solidão.

Mesmo que eu diga para as pessoas que elas não precisam temer porque é seguro, porque estou presente para apoiá-las, às vezes, elas não conseguem. É uma questão de tempo e autoconhecimento. No inicio, elas suam, lutam, gritam e esperneiam. Quando, não raro, querem desistir da experiência. Após algum tempo, começam a experimentar a sensação de estarem suspensas, rendendo-se à confiança. O orgulho se desmancha quando nos entregamos nos braços do outro. É um ato de humildade e fé.

Quando finalmente o corpo desiste do medo e da luta, as pessoas sentem que os músculos relaxam, conseguem respirar melhor absorvendo a experiência com mais intensidade. A estrofe do poema de Emily Dickinson nos ajuda a entender:

> A luta de vencer e perder
> É a luta de punhal e soco;

Mas a luta do coração e a luta da mente
É a luta para aprender a deixar ir.[7]

A consciência é solitária. Só nós podemos ter as repostas para os nossos questionamentos. O que o outro pode nos dar é só o apoio. Hoje compreendo que o apoio que tive de meu pai quando assisti a Monga não foi suficiente. O meu corpo não confiou porque não tinha a referência do corpo dele. Ele era um homem ausente porque tinha de exercer seu trabalho árduo como motorista de caminhão. Vivia viajando pelas estradas do País em busca do sustento para a família. Esse conhecimento, eu tinha, porém cresci sem a referência do corpo dele. Assim minha estrutura se desenvolveu frágil, desconfiada de si mesma. Por isso, não raro, buscava a opinião alheia para saber o que podia desejar.

Como podemos confiar se não temos na estrutura a base da confiança? O medo se apodera do corpo, tornando-se mais forte do que qualquer palavra de incentivo. Por isso, eu não tinha outra saída a não ser correr, afastar-me do perigo. Durante muito tempo, fugi de meus problemas pessoais como se estivesse fugindo da Monga. Minha consciência solitária acreditava no perigo ilusório. Não tinha uma estrutura que fornecesse segurança. Desenvolvi um corpo forte por fora – aos olhos dos outros –, mas vulnerável por dentro. Quanto mais o corpo se desenvolvia, mais impotente me sentia. Os meus ombros se alargavam como se a responsabilidade fosse só minha. O peito se abriu para não dividir minhas necessidades. A onipotência tomou conta de minha consciência de modo a desconfiar de qualquer ajuda. Durante muito tempo, tive dificuldades de me entregar ao outro. Tornei-me terapeuta para estar do outro lado, sem saber que minhas feridas estavam abertas. Procurava a cura junto aos meus "pacientes".

Acreditei poder me emancipar sozinho; ledo engano. Desconhecia que eu não era solitário no cenário espacial, porque meu corpo me denunciava. Ele era representado por mim a fim de ser usado como objeto para o outro. Por exemplo, quando digo: "eu sou Pedro Paulo", coloco-me na terceira pessoa para que o outro me acolha. Pois, quando digo isso, minha primeira pessoa vai além do que simplesmente eu seja o Pedro Paulo.

---

[7] Citado em MOODY, Harry R.; CARROLL, David, 2000, p. 208.

A mente se reveste de solidão e silêncio, enquanto o corpo, de ação e relação. Se o mundo é parcialmente aquilo que experimento, então ele é maior do que posso conhecer. Portanto, a noção de totalidade da consciência é local enquanto corpo, e mental enquanto transcendência. É o mesmo fenômeno, porém em domínios distintos. A consciência não pressupõe fronteiras, barreiras ou qualquer tipo de delimitação. As linhas que delimitam o espaço de minha existência são desenhadas por meu corpo, tornando-se referência para que eu possa estar no mundo. Sem corpo, eu seria bússola sem direção.

A consciência da vida

A consciência é o azul do céu,
O sabor doce que preenche a mente,
O cheiro de gardênia,
A dor do amor perdido,
A luz refletida na poça.

Evan Harris Walker

O que não pode ser medido não presume sua inexistência. Enquanto o corpo é referência pública, a consciência é privada, portanto imensurável. Isso sempre provocou e continua a provocar questionamentos sem respostas. Sei que estou aqui e agora em um determinado estado de consciência, o que me permite compreender que estou *vivo em contato com a experiência*. Estar no mundo me possibilita transformá-lo. Minha experiência não é uma abstração, é matéria do concreto porque sinto a vibração me pertencer. Quero dizer que, pela experiência, torno o mundo acessível a mim. O mundo se torna mundo quando eu o experimento, dando a ele significado.

Viver conscientemente é dar passagem do implícito para o explícito. Quando me expresso no mundo, provoco mudanças, e elas me dão subsídios de compreendê-las. Toda mudança gerada por mim retroage em mim mesmo, transformando-me. Desse modo, é revelada a complexidade da vida, na qual todos os elementos são interligados e interdependentes. Por isso, somos produtos e produtores da dinâmica da vida. Cada um tem sua participação e importância no cenário do universo. Nenhum elemento aleatório deixa de ter significado. Porém, o significado é construto da consciência.

Baseado nisso, é impossível conceber a consciência como propriedade emergente do cérebro. A matéria cerebral sozinha não é capaz de produzi-la. A consciência é totalidade flutuante cujo dinamismo produz contínuas variações de seu estado. Ela é o conhecimento que produz vida. Sem ela, não há significado nem existência. Toda vida tem um porquê.

A trajetória percorrida pelo ser vivo necessita do conhecimento para que seus passos ulteriores sejam mais livres. A evolução depende desse conhecimento. É por meio dele que a liberdade se constrói. Aprender é ato de emancipação. Quando um ser vivo aprende, tem mais condições de flexibilizar-se, tem mais capacidade de adaptar-se. Enquanto transitar na vida, o ser vivo estará em processo de aprendizado. Aprendemos porque somos imperfeitos, incompletos.

Não existe criatividade na perfeição. Não há como escapar dessa lição. Estamos em busca da perfeição. Se nós alcançaremos a perfeição um dia, não é possível afirmar, o que importa é a trajetória. Enquanto vivermos, diversos estágios de ordem e desordem nos possibilitarão descobertas. O fim é apenas uma perspectiva. Mesmo porque, porventura não haja fim, só continuidade.

Ser consciente é saber a direção a seguir, é decidir querer continuar o percurso. A consciência é um argumento inteligente da natureza no que tange a evolução da espécie. A cada aprendizado, maior a capacidade em criar formas diferenciadas de vida, maior a aptidão para adaptar-se aos novos ambientes. Se a vida se fundamentasse somente na ordem e perfeição, não haveria chance de renovação. O desequilíbrio é anterior porque nos impulsiona à frente na jornada evolutiva. A consciência, no entanto, não é simplesmente o pensamento. Ela é mais que isso, ela é tomada de posição no processo de existência, ela permite a escolha. Enquanto estivermos em andamento, em desequilíbrio, estaremos vivos e seremos criativos. Nada se cria na ordem, porque tudo o que é constância é repetição. Estar afastado do equilíbrio gera opções variadas para criar novos mundos a todo instante. A experiência tomará forma a partir das indagações e da busca de alternativas. Enquanto for possível procurar, seremos livres.

Ilya Prigogine acrescenta:

> ... para mim, a transição entre o pré-universo e o universo é antes de tudo um problema de passagem do vazio, que já contém partículas potenciais, a partículas reais. Partículas que podem se separar, forjar estrelas, formar planetas e finalmente engendrar a vida. Eu diria que a criação do mundo é a criação da liberdade. A liberdade, porque essas moléculas reais podem ir em todos os sentidos, criar estruturas, especialmente estruturas dissipativas, logo, a vida e o homem, as culturas humanas, ao passo que o vazio era um mundo em potência. Em potência, em possibilidades; em possibilidades suspensas.[8]

Liberdade é escolha. Não há escolha sem ser livre. Toda escolha depende da consciência. Somos livres quando aceitamos os passos e compreendemos nossas relações. Entretanto, seremos prisioneiros de nós mesmos enquanto alimentarmos os medos e a ignorância que avassalam a história e a cultura. Seremos prisioneiros enquanto sustentarmos a ambição desenfreada que corrompe os valores da vida.

Ser livre é sair de nós mesmos e enxergar pelo ponto cego da percepção. A cegueira é aprendida do mesmo modo que a visão. Tentar racionalizações para justificar atitudes egocêntricas é rejeitar compreender a dinâmica da vida. Conhecimento retido é tão ruim quanto a ignorância. Conhecimento sem doação fica estagnado na ignorância. Sem movimento, ele se torna conhecimento deturpado, sem valor. Por isso, compreender que saber que não sabemos é estar aberto ao vazio potencial. Somos munidos de partículas potenciais, prontas à criação, somos um manancial de possibilidades. Entretanto, ninguém conhece o novo sem humildade de abertura e entrega. A abertura surge na espontaneidade de querer aprender. Nenhuma mudança será obtida sem que sejamos livres para a ação. Toda ação advém de escolhas. Resistir ao conhecimento é sofrer a repetição e a inadaptação.

A liberdade é o que todo ser vivo almeja. Lynn Margulis e Dorion Sagan afirmam que a consciência existe em todos os seres orgânicos e não somente nos seres humanos: "Não só os animais têm consciência, como todo ser orgânico [...] No sentido mais simples, a consciência é um dar-se conta do mundo externo."[9] E esse mundo externo ao qual se referem não é só o mundo que

---

[8] PRIGOGINE, Ilya, 2002. p. 43-44.

[9] MARGULIS, Lynn; SAGAN, Dorion, 2002. p. 161.

conhecemos, mas também o lado de fora de uma bactéria. Para que haja sobrevivência, as bactérias, por exemplo, precisam sentir e reagir vividamente a tudo que as cerca.

> Cada um de nós proporciona um belo meio ambiente para bactérias, fungos, nematódeos, ácaros que vivem dentro e sobre nosso corpo. Nossos intestinos estão repletos de bactérias e leveduras que fabricam vitaminas para nós e nos ajudam a metabolizar nossos alimentos. Os micróbios atrevidos de nossa gengiva assemelham-se a fregueses de uma loja de departamentos na véspera de um feriado. Nossas células carregadas de mitocôndrias evoluíram a partir de uma fusão de bactérias fermentadoras e respirantes.[10]

Nosso corpo é cenário para a vida de muitos organismos conscientes. Somos um macrocosmo, uma morada para outros seres que dependem de nós. Do mesmo modo, somos o microcosmo consciente que depende de um planeta consciente para viver. O planeta Terra é chão, é ar, é vereda de aprendizado, é cenário de evolução.

Se toda matéria viva exerce escolhas porque é consciente, o que habita em nós toma também suas próprias decisões. Isso não quer dizer que nós, humanos, não partilhamos dessas decisões. As bactérias que vivem em meu intestino têm a ver com a minha idiossincrasia. Não sou separado delas, e elas não se separam de mim. Nós convivemos. Eu dou a elas o alimento, enquanto elas degradam substâncias que sou incapaz de assimilar. Em simbiose, mantemos nossas vidas.

Se a célula viva tem consciência e, portanto, faz escolhas, então ela pode decidir. Contudo, nenhuma escolha é individual. Somos co-participantes do processo da vida e da morte. A liberdade está em toda parte, portanto cabe à consciência determinar as opções para alcançá-la. Para que uma molécula se torne célula, precisa haver decisão. Para que uma célula continue a viver ou morrer, precisa haver decisão. Nada ocorre no acaso. É no trânsito crítico da transformação que a matéria irrompe à vida ou desvanece na morte. O passo da vida é um ato de travessia de um estado pré-consciente para um estado consciente. Da mesma maneira, a passagem para a morte é também travessia de um estado consciente para o não-consciente. A morte não é esquecimento, e sim transformação.

---

[10] Idem, p. 246.

Portanto, a vida se faz pela morte. Como bem escreve T. S. Eliot: "Nascemos com a morte" e, com ela, sobrevivemos.

Envelhecer é também escolha

Há anos, trabalho com o envelhecimento humano, e isso me deu a oportunidade de compreender que envelhecer é sinônimo de viver. Durante esse processo, transformamo-nos. Para que eu seja "eu mesmo", mantendo minha identidade pessoal, os diversos sistemas de meu organismo terão de passar por constantes mudanças. O organismo se organiza/desorganiza para me dar impressão de eu ser "eu mesmo". É como a gaivota que pousa em uma bóia no mar. Para que possa se manter estática, o organismo dela terá de estar em flutuação constante. O desequilíbrio a auxilia na manutenção da postura.

Acreditamos sermos sempre iguais, a não ser quando olhamos as fotos de nossa infância. Não é necessário muito esforço para entender que tínhamos um corpo pequeno, cabelos e texturas de pele diferentes. Concordamos que os nossos corpos mudam, adquirem outras formas. Dizer que estamos mais velhos é aceitar a transformação. O receio em aceitá-la é devido ao fato de que toda transformação é indefinível, dubitável, conduz ao desconhecido. Se fizermos uma reflexão mais profunda, saberemos que o que somos hoje é fruto do construto de experiências realizadas na travessia da temporalidade. O que somos é o que achávamos que seríamos. As escolhas são feitas, conscientes ou não, individuais ou influenciadas pelas escolhas de outros. Somos autônomos fundamentados na interdependência. Estar vivo é estar em relação.

Reflita sobre sua vida agora e perceba o que você era na infância. Você mudou e muito. A vida é transformação, por isso envelhecemos, embora muitas pessoas ainda dizem não ter se modificado, querendo manter o *status quo* de juventude. Apostam no auto-engano do estacionamento do tempo. Por que as pessoas rejeitam o processo de envelhecer se ele é um processo de viver?

Minha proposta, neste livro, não é discutir sobre o envelhecimento[11], porém quero responder à pergunta porque assim podemos entender melhor acerca das escolhas.

---

[11] Discuto melhor sobre esse assunto no livro *Envelhecer: histórias, encontros e transformações.*

Sabemos que a identidade social do velho, infelizmente, ainda é formada por atributos negativos como "doentes", "caducos", "improdutivos". Isso não faz sentido, mas a identidade social é construída baseada em atributos estanques, generalizantes, deterministas. Fora o medo de serem classificadas nesses atributos, as pessoas rejeitam o envelhecer devido ao medo da morte. O que talvez as pessoas não saibam é que só podemos viver porque temos a certeza da morte. Sem a morte, não existiria vida.

Estamos enganados quando acreditamos em nossa imortalidade. Mesmo que o nosso momento derradeiro seja incerto, pois a vida é fundamentada na dúvida, a morte é uma certeza. Iremos morrer não porque envelhecemos, e sim porque vivemos para a morte. Sem a morte, não seríamos capazes de evoluir. A morte nos capacita sair do egocentrismo, abrindo portas para outras vidas que nos sucederão. A evolução da espécie nos reserva a morte com a promessa de que nossos descendentes serão mais livres. Mesmo que possamos entender isso, não vemos a morte com bons olhos. Aqueles que desejam morrer querem por não possuir uma vida satisfatória. Uma vida feliz é contagiante, de tal modo que a pessoa recuse qualquer reflexão sobre a morte. Não pedimos para viver, mas, uma vez na vida, pedimos para viver. Quando a vida adquire significado, é reforçado o desejo de continuá-la. Somos seres curiosos, por isso queremos saber o que nos aguarda adiante. Isso nos capacita construir modos diferenciados de viver. Viver é fascinante, mas a vida não pertence somente a nós. Ela pertence também aos nossos descendentes. Enfim, quando a obra estiver pronta, o artista deve se afastar dela para ser contemplada por outros. Como nos ensina a sabedoria do Tao:

> Assim também o Sábio:
> permanece na ação sem agir,
> ensina sem nada dizer.
> A todos os seres que o procuram
> ele não se nega.
> Ele cria, e ainda assim nada tem.
> Age e não guarda coisa alguma.
> Realizada a obra,
> não se apega a ela.
> E, justamente por não se apegar,
> não é abandonado.[12]

[12] LAO-TZU, 2002, p. 38.

Ao compreendermos que a consciência é solidão, mas não é abandono, poderemos ser livres.

O envelhecimento propicia a mudança do corpo e também dos significados e, conseqüentemente, do sentido da vida. Viver é ser diferente a todo momento. Para não ficarmos assustados com a mudança, o sistema acaba por nos pregar uma peça, fazendo-nos sentir que somos sempre os mesmos. É por isso que muitos rejeitam a idéia de se tornar velhos, e mais velhos. O envelhecimento é inexorável.

No processo de envelhecer, as células do organismo vivo tomam rumos diferenciados a cada replicação. A divisão celular é sempre uma tomada de decisão. Atualmente sabemos que vivemos mais porque temos mais recursos tecnológicos para isso. Para se ter noção, uma pessoa, na época do Império Romano e na Grécia Antiga, vivia, em média, 25 anos. Atualmente, a média de vida em países desenvolvidos pode chegar a 78 anos. Viver mais se tornou a grande aquisição da humanidade. Porém, viver mais não exclui a morte. Muito menos alcançaremos a época em que não morreremos, como muitos insistem em acreditar. Se, algum dia, o humano se tornar imortal, ele deixará de ser humano para ser outra coisa.

A vida é um complexo de organização/desorganização. A célula viva decide viver ou morrer. Se ela pode decidir, é porque está consciente de seu processo. Isso se evidencia na descoberta científica dos *Telômeros.*[13]

Os Telômeros são considerados, pelos cientistas, o nosso "relógio biológico", que controla a vida de todas as células. Toda célula tem um tempo marcado. Isso quer dizer que uma célula pode se dividir aproximadamente 50 vezes e depois morrer. À medida que ocorre a divisão, o telômero se torna menor, até atingir um ponto crítico. É nesse ponto, também denominado de ponto de bifurcação, que está a decisão da célula. Se ela decidir viver não poderá ser a mesma, terá de se diferenciar, sofrer mutações, deixar de ser o que era para ser outra coisa. Caso ela decida continuar, ela terá de ter uma nova forma – neoplasia[14]. Algumas doenças degenerativas e cânceres surgem devido à persistência de células em se manterem vivas.

[13] Telômeros são as extremidades dos cromossomos de todas as células vivas.

[14] Neo = Nova; Plasia = Forma.

O que concluímos é que a decisão não é tomada só pelo indivíduo que pensa, mas também pela coletividade das células de seu corpo. A escolha nunca é individual, ela será sempre a soma de várias influências que sofremos, de modo que não podemos saber quando atingimos o ponto crítico para decidir qual direção seguir. Simplesmente querer não é suficiente para que algo aconteça. A realidade será sempre a soma de vários "quereres". Isso reforça nossa impotência, denota a incapacidade em controlar nossas células, que estão decidindo agora o próprio rumo, enquanto você lê este livro.

Em suma, envelhecer, viver e morrer são fenômenos do agora, e não do ontem ou do amanhã. Só temos um tempo que é o presente. Passado e futuro são simplesmente abstrações.

A doença como manifesto da consciência

Tudo está em suspenso, pronto a vir a ser. As substâncias potenciais são possibilidades pré-conscientes. Portanto, não há como antever uma manifestação. A concretude surge na tomada de consciência da experiência. Em nível abstrato, existem apenas possibilidades potenciais.

O que tem forma é mais compreensível. Enquanto a consciência é o bastidor, o organismo é o palco de encenação do grande espetáculo da vida. Na realidade do ser vivo, um não existe sem o outro. Nesse sentido, toda doença ou processo de cura do corpo incluem a consciência. Sem entrar em contato com a experiência da doença, não existe cura possível. É preciso compreender o que falta à consciência para reencontrar a direção ao centro (essência do ser).

A doença é um manifesto, uma mensagem que nos ensina a seguir outro caminho, de que está na hora de retornar a nós mesmos. Por exemplo, um resfriado se manifesta para dizer que foi ultrapassado o limite. É preciso repouso e silêncio para ouvir a voz da consciência. Vivemos indo e vindo em nós mesmos. A autoconsciência é importante para reconhecer os passos e os limites. Conhecer até onde podemos ir é sabedoria. A doença é um manifesto que reclama a nossa volta quando nos afastamos demais de nós mesmos. A cura é integração e estado de centralização e plenitude.

Procurar a origem da doença só pelo viés da biologia é ser simplista. Infelizmente, pela herança mecanicista do conhecimento, ainda é assim que muitas pessoas entendem as doenças. À medida que as doenças se tornam mais complexas, maiores dificuldades surgirão em encontrar tratamentos adequados. A doença não deve ser vista isoladamente. Para compreendê-la, é fundamental compreender antes a totalidade do humano que sofre. Todos somos doentes em potencial, como também temos dentro de nós o potencial em redescobrir o caminho de volta ao centro, com a finalidade de alcançar o estado de saúde.

A doença não está fora, no ar, na terra ou no mar, e sim dentro de nós mesmos. Ela não é o grande mal que nos ataca, fere e mata. Não é preciso defesa, e sim autoconhecimento. A consciência cria a doença para compreendermos nossos passos. Quero deixar claro que a consciência à qual me refiro aqui não é o mesmo que estar consciente, estar atento e presente. A consciência "assina" o manifesto para que compreendamos a linguagem. É por isso que ela requer silêncio, para podermos ouvir a voz do corpo e estar conosco. Esse é o primeiro passo em direção à integração. Esse é o primeiro passo em direção à integração (cura).

A cura é escolha. Tudo se baseia em nossas escolhas. É difícil entender o porquê de uma escolha. Se a escolha é coletiva, não há por que existir a culpa. Se nós nos relacionamos com vários mundos – o nosso próprio mundo e o mundo dos outros – nossas decisões são fundamentadas em diversas opções. A ação pode vir mais tarde, porém a opção está no aqui e agora, neste instante. Todo processo de criação é elaborado e organizado quando o doente expressa a enfermidade, esta, muitas vezes, é construída fundamentada em várias escolhas feitas no passado.

A culpa é um sentimento localizado no tempo passado. Ela é um sentimento negativo que provoca o afastamento da pessoa de si mesma. Quando o doente se sente culpado, tem vontade de se punir. Se a doença significar punição, então a cura será um processo fora de cogitação. O culpado não se abdica dos sentimentos nocivos. Pelo contrário, ele os alimenta e torna as outras pessoas vítimas da culpa dele. Forma-se, no entanto, a circularidade da culpa. O doente e a família constituem-se em uma unidade nosológica.

Não se pode enxergar o verdadeiro problema quando a enfermidade é encarada pela causalidade. Por isso, não é de se estranhar por que a maior parte dos tratamentos costuma ser paliativa e inconclusa. Esse é um problema sério que enfrentamos atualmente. Nosso sistema público de saúde (que é um sistema baseado na doença, e não na saúde) não consegue dar conta da demanda de pessoas que sofrem. As enfermidades são vistas pela causalidade, enquanto o humano é um ser complexo. Como ajudar no processo de cura?

Saúde e doença são totalidades irredutíveis. São fios da mesma teia, cuja consciência as integra. Para compreender que não tratamos doenças, e sim doentes, é urgente uma mudança de paradigma.

Todo doente tem sua idiossincrasia, merecendo respeito e comiseração. A fim de compreendê-los, é preciso ir além da própria doença. Não podemos entender o funcionamento de uma câmara fotográfica olhando apenas as fotos tiradas por ela. Mesmo que os sintomas apresentados não sejam iguais aos descritos nos manuais de medicina (o que normalmente não são), não quer dizer que o doente não os sinta. Cada doente tem seu modo de manifestar o sofrimento.

Durante 15 anos, fui supervisor de estágio numa clínica-escola universitária, e um fato marcante era a dificuldade de os alunos atenderem os pacientes. É compreensível, pois, durante todo o curso, eles aprendem teorias e mais teorias sobre doenças e técnicas de tratamento. Precisam memorizar nomenclaturas, sintomatologia, etiologia, exames clínicos, técnicas específicas. No último ano da faculdade, quando eles colocarão em prática aquilo que aprenderam, eles têm uma surpresa; surge à frente a pessoa humana, "gente que sofre". A maior parte das vezes, eles não sabem o que fazer. Não sabem porque não aprenderam a conhecer gente, só doenças.

A visão mecanicista da vida é tão destacada no ensino universitário que tudo é fundamentado no princípio da máquina humana. Os alunos aprendem anatomia em cadáver, isto é, no corpo morto e não no corpo vivo; aprendem fisiologia de órgãos isolados, e não os processos dos sistemas biológicos. Aprendem tudo de modo separado: quadril, joelho, pé, ombro, cotovelo, mão. Sempre em seqüência para que o aprendizado seja didático e simples, de acordo com os preceitos da "navalha de Ockham", que preconiza que os princípios não devem ser multiplicados sem necessidade.

Guilherme de Ockham (1285-1349), teólogo e filósofo inglês, acreditava que deveríamos buscar, na natureza, a máxima simplicidade possível. Entre duas teorias, uma simples e uma complexa, que sejam capazes de explicar, de modo equivalente, determinados fenômenos, nós deveríamos optar sempre pela teoria mais simples. A teoria científica reducionista se fundamenta nesse princípio, e, até os nossos dias, somos influenciados por esses preceitos.

A navalha da ciência reducionista corta o objeto de estudo em tantos pedaços que o transforma em outro objeto. Isto é, quando retiramos um elemento de seu contexto, o que sobra não é mais o objeto em si. Perde-se o contato com a verdade. Explicar o humano fora de seu contexto, é com certeza, errar o alvo. Como dizia Krishnamurti: "A verdade não pode ser exata. O que é humano não pode ser medido, não é a verdade. Só se pode medir e dimensionar aquilo que não é vivo."

O humano é indissociável; mensurá-lo não explica o que ele verdadeiramente é.

Quando acreditamos que alguma coisa é desnecessária para o entendimento de um processo e a cortamos, deixamos de entender o elemento dentro de sua complexidade. Quero dizer que entender o humano só pela realidade consensual (realidade do método científico), colocando à parte a realidade não-consensual (subjetividade), é abdicar do entendimento da verdade. Por isso, as descobertas científicas não são suficientes para tratar o humano que sofre. Não é cabível compreender o sofrimento humano pelos exames de última geração e diagnósticos "infalíveis".

A teoria é abstração. Posso saber que o doente tem um tumor de abdômen, ter todos os recursos necessários para retirar o tumor; mas como poderia saber o que ele e sua família sofrem? O sofrimento é multifatorial, portanto complexo. Tentar deixar de lado os sentimentos, expectativas, medos e tristezas de um doente é ser simplista. Usar a navalha de Ockham para extirpar um tumor não resolve o problema em si. Por isso, não raro, verificamos recidivas de câncer, rejeição de órgãos transplantados. Muitas vezes, a pessoa recebe um coração novo, sem nenhuma evidência de problemas (vários exames são realizados para verificar se o órgão tem condições favoráveis para ser transplantado), até o dia em que começa a desenvolver os mesmos episódios de antes, quando tinha o coração doente. A doença está na totalidade do sofredor, e não no órgão alvo. É preciso conhecer a história e a intencionalidade do sujeito para alcançar a cura.

Como visto anteriormente, o câncer é uma escolha das células. Elas se rebelam, recusam a serem subordinadas pelo sistema. Elas constroem identidade própria, tornam-se individualistas e diferenciadas. Perdem a solidariedade pelas outras células. Não aceitam participar da rotina de seus correligionários, querem novos espaços de criatividade para preencher os seus vazios. Sem regras, rompem com a união da comunidade, profanam a comunhão, desrespeitam o senso de participação. De modo caótico destroem o que está a sua volta, desobedecem as ordens do sistema. Transgridem as leis do envelhecimento e da morte.

Infelizmente, elas recusam saber que só vivem porque têm um sistema maior que lhes possibilita viver. Um comportamento irresponsável não garante a liberdade. Pelo contrário, sem responsabilidade, não existe movimento de vida. Reter a resposta é não se responsabilizar, é morrer. Se o macrocosmo desaparecer, haverá o mesmo destino para o microcosmo. Como está escrito na *Tabula Smaragdina* (Tábua de Esmeralda) de Hermes Trismegisto: "O que está embaixo é igual ao que está em cima: e o que está em cima é igual ao que está embaixo, para realizar os milagres de uma coisa única."[15]

Esse ensinamento nos incita uma importante reflexão: o planeta Terra é o macrocosmo, enquanto nós somos o microcosmo contido nele. Conteúdo e continente são interdependentes, visto que um não sobrevive sem o outro. Toda ação está interligada. Em suma, o nosso planeta está doente devido a comportamentos nefastos de muitos seres humanos rebeldes, que buscam a liberdade pela destruição.

Cura: consciência integrada

Nunca achei fácil ser terapeuta, tanto é que continuo a minha busca, peregrinando à procura de minha verdade. Quando me formei em Fisioterapia, acreditava que o caminho seria árduo, mas não imaginava que ser terapeuta seria muito mais difícil do que ser fisioterapeuta. Não foi a faculdade que me formou terapeuta, e sim a convivência com as pessoas doentes. Mesmo depois de quase 20 anos trabalhando com pessoas acima de 60 anos de

---

[15] Para saber mais, ver DETHLEFSEN, Thorwald, 1989, p. 25.

idade, ainda me revelo um aprendiz. Estou certo de que não alcançarei a totalidade do aprendizado, pois as feridas são extensas, e o sofrimento humano é incessante. Vivemos para alcançar a integração.

Durante muito tempo, pensei ter o conhecimento para tratar as pessoas que me procuravam, até encontrar pessoas que me mostraram que não basta compreender o sintoma, eu tinha de ir mais longe. Sem compreender a minha essência, não podia projetar no outro o meu saber. Sou ainda muito pobre de conhecimento e, por isso, preciso do silêncio. Não posso me dar ao luxo de pensar que estou de um lado privilegiado enquanto o outro sofrer. Sofro com o outro porque o sofrimento nunca é unilateral. Toda relação é caminho de mão dupla. Por assim dizer, eu sou o outro que sofre porque tenho em mim o sofrimento dele. Ele revela a minha própria dor. Sem ser tocado, não posso reagir. Portanto, a dor do outro que me toca é reflexo da dor que existe em mim. Isso é ser terapeuta.

Ser terapeuta do toque é um privilégio. Como disse antes, posso ser tocado ao mesmo tempo em que toco o outro. Essa relação recíproca me indica o caminho da solidariedade e do autoconhecimento. Conhecimento é "nascer com", portanto o outro é parte de mim que me capacita o deslumbre do nascimento do cognoscível. O toque é a terapia da complexidade porque envolve o outro e, se envolve, também acolhe. Refiro-me ao toque responsável e consciente, e não ao simples "encostar". Muitos profissionais encostam e também "viram as costas", não se dedicam, não respondem às demandas do outro. Esse não é o significado profundo do tocar.

Na minha formação profissional, ensinaram-me o toque sem consciência, técnicas a serem usadas na máquina-corpo, e não no corpo-sujeito, no corpo vivido. São aspectos totalmente diferentes. Quando estou "envolvido", estou enroscado, emaranhado, tecido ao outro. Assim, posso conhecer necessidades e penúrias, posso desvelar os nós e ser capaz de desatá-los. De acordo com Pierre Weil[16], a palavra *cura* em hebraico é *teraf*, que quer dizer terapia. Na concepção rabínica, ela significa "desatar os nós".

Sem estar envolvido, não há como encontrar os nós. Sem conhecer os nós, não há como desatá-los. Portanto, a cura é conhecimento, relacionamento,

[16] Pierre Weil in *O espírito na saúde*, 1997, p. 99.

interdependência, solidariedade e integração. Tudo isso só é possível pela doação, pelo serviço, pela abertura e entrega. Quanto mais doamos, mais enriquecemos e nos tornamos mais aptos para saber quem somos e quem é o outro. Esse é o caminho para a verdade.

Jesus nos ensinou a ser terapeutas. Seus ensinamentos nos revelaram que ser terapeuta não é privilégio daqueles que fazem uma faculdade, mas de todos. Por isso, faculdade alguma pode fornecer tais ensinamentos. Terapia é processo de vida, porque é nela que alcançamos a integração. Somos viventes porque buscamos algo para nos preencher. Queremos o aprendizado para continuar a jornada. Se existe a falta, há também lacunas, buracos, vazios. No vazio, está a potencialidade da criação, de um novo saber. A partir de nossa fragmentação, somos convidados ao preenchimento. A cura é preenchimento porque é plenitude. Enquanto estivermos em busca do êxito material, seremos doentes, seres esburacados. Em resumo, a cura é simplesmente a paz no silêncio da solidão.

É preciso trazer a compreensão da consciência para o cenário da saúde. Caso contrário, continuaremos a brincar de atender, e o paciente a fingir que está sendo atendido. Enquanto fui o mecânico da máquina, eu nada entendia, nada podia fazer a não ser "brincar de doutor", como brincava na infância de montar e desmontar os blocos do Hering-Rasti. Para a minha felicidade, as pessoas que me procuravam, e as que ainda me procuram, eram pessoas que apresentavam problemas multidimensionais severos de fragmentação física, psíquica e espiritual. Problemas estes que me deixavam perplexo com a infinidade de perspectivas do que é ser humano. Essas pessoas revelaram o meu próprio sofrer, convencendo-me de que ser humano é ser vulnerável, falível, terminal.

Durante muito tempo esforcei-me na busca da invulnerabilidade por meio do estudo, do trabalho, da aquisição de dinheiro e posição profissional. Pelo fato de vir de uma família sem recursos, busquei minha liberdade na ilusão. Isso me formou um profissional sem espírito, apenas revestido de crostas inúteis. Ainda cedo fui ser professor universitário e, dentro da instituição de ensino, encontrei muita vaidade, crepitante como acha de lenha seca em fogo farto. O professor vaidoso é quem acredita que tem o dever de tudo saber, de ter todas as respostas. Não raro, tem medo das perguntas, defende-se com o poder de dominação sobre os alunos. Usa a arma ignóbil da prova que nada prova, só ameaça. Aprendi a ser o comandante da canoa furada. Ensinava aos alunos a maneira "correta" de aplicar as técnicas, como se todos fossem iguais. Quantas vezes eu disse aos meus alunos para fazerem o que eu não tinha coragem de fazer; precisava aprender com as minhas próprias palavras.

Tive de envelhecer mais e mais para ter consciência de mim mesmo. Se o que digo é certo ou errado, não posso afirmar. Hoje, quando ministro as aulas, quero relatar os meus erros e acertos, experiências de sucesso e de fracasso. Conscientizei-me de que não é preciso seduzir os alunos para ser aceito por eles. Eu já me aceitei antes. Quando sinto a força vibratória do entusiasmo, é porque existe luz em minha verdade. No entanto, sei que a verdade é pertencente a minha subjetividade, ela não é nem mais nem menos que a verdade do outro.

Quando ensinava impondo minhas pobres teorias, sem reflexão, nunca deixei de encontrar justificativas para o meu comportamento insano. Por isso, atualmente, para mim, "ter consciência" é mais do que estar desperto, é ser íntegro no instante da experiência. Colocar à parte o que me desagrada é reforçar sombras, valorizar medos, permitir a fragmentação. Por isso, não confio em verdades coletivas, elas são cheias de ruídos e interesses que não condizem com a intenção pessoal, não-consensual.

A verdade só pode fazer parte do imaginário profundo do ser único. Por isso, a palavra é dubitável, ela não é a linguagem da alma, e sim do intelecto. "O tao que é pronunciado não é o tao eterno." A palavra nos permite a comunicação, mas está no silêncio o conhecimento de nós mesmos. Não podemos nos deixar para trás. Nesse sentido, a solidão é inestimável ao processo de integração.

Hoje compreendo que sou um terapeuta solitário em busca de ser companheiro do outro. Sem companheirismo, não há cura. Quando estou diante da dor alheia, não me torno passivo. Se ficasse passivo, não seria terapeuta, não compreenderia a força da integração.

A palavra "terapeuta" vem também da palavra grega *therapeúô*, que quer dizer curar, tratar, cuidar[17]. Portanto, ser terapeuta é ser um barqueiro a ajudar o doente na travessia do rio da vida. O doente necessita "conhecer" suas margens para poder integrá-las. É impossível compreender o rio pelos recortes; só pela totalidade.

---

[17] *Dicionário Houaiss da Língua Portuguesa*, 2001.

A cura vai além do bem-estar, ela tem dimensões espirituais de integração. Assim, não basta receitar o remédio ou indicar qualquer tratamento para obter saúde; é preciso mais do que isso. É necessário estar ao lado. O cuidado vai além da técnica. O cuidar é um ato de compaixão e solidariedade. Estar ao lado é participar do processo junto ao outro, estar na pele do outro, é permitir a ternura na convivência, expressar incondicionalmente o afeto que acolhe. Não existe cura sem comunhão.

Quando me formei, achava fascinante "praticar" as técnicas aprendidas na faculdade para restabelecer os movimentos do corpo, amenizar dores, devolver independência. Contudo, as lacunas, as dúvidas, os fracassos permaneciam. Muitos se recuperavam, mas continuavam a sofrer. Não podiam levar a vida como antes, tinham limitações bem demarcadas. Às vezes, eu me irritava, queria justificativas para o insucesso. Quando não encontrava em mim os motivos, era fácil culpar o outro. Quantas vezes eu disse que o insucesso estava na desobediência do paciente ou da família em seguir minhas instruções. Eu trabalhava do mesmo modo que brincava na infância; quando não conseguia fazer funcionar o brinquedo, era porque não seguia corretamente as instruções. Demorei algum tempo para perceber que o processo não é assim. Ninguém tem culpa; existem escolhas coletivas para o insucesso como também para o sucesso de qualquer tratamento. Ninguém cura ninguém. O maior terapeuta do Ocidente, Jesus, curvava-se na força espiritual dos doentes e ensinava: "É você que está se curando. É a fé que está lhe curando." Jesus nunca disse: Eu te salvo, ou Eu te curo. Ele sabia que as pedras no caminho deveriam ser retiradas pela mão do próprio doente. A pessoa tinha a escolha de reerguer-se. Jesus era um terapeuta libertador, jamais interferiria no livre-arbítrio dos doentes. Ele era um grande mestre, não queria que as pessoas aprendessem com o coração vazio. Elas tinham de ser preenchidas e se conscientizarem da completude por elas mesmas. A cura residia na livre escolha de cada um.

A fragmentação é doença, enquanto a cura é reconciliação. Só na plenitude somos salvos. A palavra "salvação" tem origem no antepositivo latino *salvus*, que quer dizer "inteiro", "intacto", "salvo", "em bom estado", "saúde". A salvação é libertação. Portanto, sem a integração da consciência, não pode haver cura. Temos de reunir os fragmentos soltos e reintegrá-los. O doente precisa aprender que, para ser saudável, nada deve faltar. Ele terá de aceitar o destino como dádiva. A vida é complexa, repleta de opções. Cada opção dá compleição à estrada.

Todo sofrimento é a lição que colocamos a nós mesmos a fim de aprender a nos redirecionarmos na trilha. Ninguém quer sofrer, como também ninguém deveria fazer o outro sofrer. Somos interligados e interdependentes. A energia flui na rede de relação em todos os sentidos. Jesus, antes da crucificação, resumiu o ensinamento de seu processo terapêutico: "Amai-vos uns aos outros como eu vos amei". Isto é, "se você quiser ser curado, se quiser viver em paz, se quiser obter a felicidade, ame como eu amei".[18]

O amor é energia curativa porque é integrador. Ele é expansivo, acolhe o outro sem aprisioná-lo. O amor liberta. Freqüentemente as pessoas têm uma idéia equivocada de amor. Ninguém pode amar com ciúmes, jogos psicológicos, chantagens. Quando o ego está em primeiro plano, não há amor. Se o amor é doação, ninguém pode amar centralizado no próprio ego. O amor é um sentimento de plenitude, ele pertence ao *self*[19].

Uma lição de cura

Há algum tempo, um homem rico e poderoso me chamou para atendê-lo. Fingia ser educado e generoso para obter o que queria. Nunca aceitava ser contrariado. Tudo sabia, e toda explicação vinha de seu conhecimento teórico obtido na faculdade. Tudo tinha de ser feito do jeito dele. A intransigência fazia parte de sua vida. Não sabia se comportar de outro modo. Porém, isso o incomodava de certa forma. Ficava claro quando dizia: "Não somos nada"; "sempre fui um homem de muito poder até o câncer tomar o meu corpo. Hoje não decido nada."

O discurso era convincente por sua inteligência, porém estava baseado no vazio do intelecto. Não tinha fé. Comumente as pessoas que sofrem de doenças terminais buscam algo além da técnica, procuram soluções em Deus. Porém, ele não queria isso. Queria "furar a fila" dos doentes que esperavam, como ele, o transplante de medula para curar a leucemia. Estava preocupado em julgar as

[18] Pierre Weil in: *Espírito na saúde,* 1998, p. 101.

[19] Jung define *self* como o "Arquétipo de Deus" que todos possuem em seu íntimo.

condutas do médico que o atendia e o recusava. Queria continuar a dirigir seus negócios, recusando se afastar a fim de poder olhar para si mesmo. Brigava com os funcionários, esbravejando que ninguém era competente como ele.

Quando fui atendê-lo, verifiquei que seria difícil o processo, porque ele não me olhava com confiança. Eu era o desconhecido, e, para que ele não perdesse o controle, me olhava de cima. Dizia com os olhos repletos de orgulho: "A única coisa que não suportarei é depender de alguém para limpar a minha bunda. É por isso que quero contratar os seus serviços." Ele deixava claro o que pretendia de mim.

Não poder "limpar a bunda" era a perda máxima do controle de sua vida. Ele precisava abdicar da força do ego para alcançar a humildade. Ninguém pode ser humilde ao colocar o ego à frente. Porém, ele confundia humildade com humilhação.

Como terapeuta, não posso interferir na escolha do outro. Posso, no máximo, dar orientações. Porém, eu tinha de estar atento, precisava ser mais do que eu. Necessitava abdicar de mim para ser justo com ele. Quando o encontrei, também encontrei minha sombra, o lado obscuro de mim mesmo. Enxergava nele o meu próprio orgulho, medos e intransigências. Por isso, ele me incomodava tanto. Minha sombra dizia: "O câncer vai comê-lo por inteiro porque você é mau", "você tem de pagar pelos crimes cometidos", "você é um pecador que não merece perdão", "a doença fará você sofrer do mesmo modo que muitos sofreram por sua causa", "você merece o abandono". Essas afirmações eram o meu próprio reflexo no espelho, e eu não suportava pensar assim. Estava sendo como ele. Eu o julgava, mas não tinha o direito. Eu era como ele, daí a origem dos julgamentos.

Cada sessão terapêutica era um sofrimento enorme para mim. Eu suava muito, molhava toda a roupa, sentindo-me um trabalhador braçal. O quarto permanecia fechado, porque ele sentia muito frio, e eu não podia abrir as janelas. Mesmo que eu tentasse convencê-lo da importância de arejar o espaço para renovar energia, ele não aceitava. Sentia-me no próprio inferno, quente, fatigante, incômodo.

Ele não me olhava, não me reconhecia. Isso gerava em mim sentimentos de rejeição. Ele me colocava em segundo plano da hierarquia construída por ele mesmo. Desqualificava-me ao atender chamadas telefônicas durante as sessões e dizia: "Enquanto eu falo ao telefone, pode ir fazendo". O meu orgulho profissional se despedaçava. Ele pensava ser o meu dono, eu era um simples escravo de seus caprichos. Ele me humilhava como fazia com todos.

Muitas vezes, queria me ensinar como trabalhar. Dizia desconhecer o que eu dizia saber, duvidava de minha competência. Para ele, eu era ninguém; e como eu havia lutado a vida inteira para ser alguém, aquilo me transtornava.

Quando me pagava, reclamava, dizia que era caro demais, negociava. Não valorizava o trabalho; o meu suor era insignificante. Por que não abandonei o tratamento? Se eu abandonasse, eu não teria condições de me curar. Era preciso encarar minhas sombras com humildade. Aceitei negociar com ele, cobrando-lhe o mínimo possível. Ou seja, o que ele achava justo.

O estresse aumentava, saía do centro, queria desistir. Ao mesmo tempo, percebia que aquela experiência seria única, seria a chance de alcançar a minha redenção. Ele seria o mestre a me ensinar lições de simplicidade e desprendimento. Tinha de me flexibilizar, submeter-me, curvar-me. Caso contrário não podia me integrar. Ele era o sábio, o médico travestido de doente, que surgia para estilhaçar o meu orgulho. Ele estava conseguindo espatifar meu ego; por isso, não podia perder a chance.

Para mim, foi duro ser colocado em segundo plano, pois sempre me ensinaram a ser o comandante da embarcação, não o barqueiro, mas o condutor do processo, o homem forte cheio de conhecimento.

Ele me ajudava a compreender que, até então, eu gostava de tratar dos outros para me sentir útil. Isso quer dizer: era o meu orgulho que estava em primeiro plano. Para me defender, não queria depender de ninguém. Nunca havia passado por uma experiência tão insólita como aquela. Durante a minha vida profissional, não tinha encontrado alguém parecido comigo. Ele podia desconstruir minhas supostas verdades. Eu não sabia mais o que pensar. Eu só poderia ajudá-lo abandonando-me. Será que valeria a pena? Mas se ele não merecia, como faria aquilo por ele? Resolvi simplesmente fazer o que podia ser feito. Resolvi abaixar a cabeça e tratá-lo com coração compassivo. Se tivesse que "limpar a bunda" dele, eu faria com retidão.

Ele só aceitava o mecânico da máquina, recusava o terapeuta. Não entendia essa linguagem. Ele deixava claro que havia contratado apenas um fisioterapeuta que alonga e fortalece músculos. Ele só queria voltar a andar e ser independente. Acreditava naquilo que fosse palpável, recusava qualquer discurso metafísico. Eu me submetia, respeitava as circunstâncias, aprendia a lição de despojamento.

Ao abaixar minhas defesas, recusei a me sentir ofendido com o comportamento chauvinista dele. A ofensa é também escolha. Ele podia me menosprezar, excluir, desqualificar, mas eu tinha a escolha de não me sentir rejeitado por ele. Pela força da compaixão, comecei a me integrar. Comecei a compreender que ele projetava em mim a raiva pelo fato de estar perdendo o seu próprio poder. Sem retidão, não poderia ajudá-lo, e, se eu decidira tratá-lo, precisava estar ao lado dele até o fim.

Ele ficava cada vez mais fraco e vulnerável. Porém, junto à fragilidade vinha a insolência, o que não o permitia entrar em contato consigo mesmo e deslumbrar a cura. Eu estava cada vez mais inteiro, o julgamento ia desaparecendo, já não me sentia incomodado como antes. O barco estava pronto para iniciar a viagem, pois, até então, estava ancorado.

Quando finalmente assumi ser companheiro de travessia, também assumi ser o barqueiro despretensioso, reconhecendo não ser o dono do barco. Assim, descemos a correnteza. As águas eram revoltas. Ele piorava rapidamente. O tratamento à base de dosagem altíssima de corticóides deixava-o sem forças. Os músculos se desfaziam na atrofia e na desistência, a respiração sem fôlego. Não tinha fome e ânimo para reerguer-se. Estava incapacitado em "limpar a própria bunda". A mulher dele dizia que tudo era simulação, justificado por um "psicologismo" sem sentido. No fundo, ela achava que o marido merecia tudo aquilo.

A corticoterapia gerava nele tanto mal-estar que seu comportamento mudara completamente. Estava fragilizado a ponto de modificar totalmente o próprio discurso. Ele dizia que as pessoas deveriam aprender a lição da humildade. Ele dizia com tom cansado: "Quando subimos, um monte de gente nos vê subindo. Quando descemos, encontramos com as mesmas pessoas que assistiram à nossa ascensão." Nesse momento, estava mais fácil adentrar seu corpo e arriscar algumas palavras. Enquanto alongava os músculos da perna, disse sem olhar diretamente para ele: "O aprendizado é um só. Procure ver o que é preciso para mudar sua vida." Ele concordou pela primeira vez, meneando a cabeça. Queria que ele soubesse aproveitar aquele momento difícil como trampolim. Ele estava sendo convidado a dar um salto de qualidade na vida. Ele aceitava minhas palavras e permanecia em silêncio. Não retrucava como de costume.

Fui chamado várias vezes para ajudá-lo. Ele estava perdendo a força, e era grave a dificuldade respiratória. Houve semanas que fui todos os dias prestar-lhe socorro. Encontrava espaços para falar sobre a cura como processo de integração da consciência: "Se você quiser viver, terá de ser de outro modo. Você está sendo avisado por meio de seu mal-estar que é necessário se encontrar com você mesmo. A integração advém de sua auto-aceitação. Não se esqueça de você neste momento." Ele acalmava, relaxava, sentia-se melhor. Quando me despedia, reforçava o meu compromisso com ele, dizendo que estaria ao seu lado sempre que precisasse. Ele meneava positivamente a cabeça e adormecia.

Ele convalescia aos poucos. Já conseguia sentar na cama, e a comunicação era melhor. Conversávamos sobre a vida, e ele me contava a história da família. Todo comportamento chauvinista desaparecera, e outra pessoa surgia. Era visível a diferença. Eu também estava mais tranqüilo comigo mesmo. Agradecia a oportunidade de estar ali com ele.

O tempo passou, e ele voltou a caminhar. Já fazia o que antes não era capaz. Retomava seus negócios aos poucos, resolvia problemas pelo telefone, fazia reuniões em casa. Tudo ia bem até ele decidir retornar ao escritório para administrar seu patrimônio. Eu disse que era cedo, precisava de mais tempo para estar com ele mesmo, faltavam fragmentos para a reintegração.

Ele achava o meu discurso inviável e, para a minha surpresa, ele não havia mudado. Virou-se para mim e, num tom arrogante, disse: "Você pagará as minhas contas? Eu trabalho com um bando de imbecis, e, se eu não estiver por perto, eles só farão besteira." Ficou claro que ele não tinha aprendido a lição da leucemia. A pessoa de antes insurgia, e eu tinha de me despedir. Eu não estava desistindo dele, mas ele de mim.

Os sintomas não demoraram muito para reaparecer e jogá-lo novamente na lona. Porém, dessa vez, outros sintomas se manifestaram. Antes não havia dores, mas agora sentia fortes pontadas no peito, as pernas inchavam, e desenvolvia herpes por todo o corpo. Havia um motim das células cancerígenas que tomavam conta de tudo. A metástase foi confirmada pelos exames. Ele cancelou o tratamento, disse que teria de ir a outra cidade para novos exames, mais avançados.

Após tanta resistência e sofrimento, devido ao orgulho insano, finalmente ele morreu. Ninguém pode dizer que alcançou a libertação, como também ninguém pode afirmar que tenha atingido a paz da integração.

Em poucos dias após a morte, todos os problemas e soluções foram resolvidos por outras pessoas. Seus negócios continuam a todo vapor. Estava equivocado com relação à imbecilidade das pessoas que trabalhavam para ele.

Ele me deixou lacunas que só serão preenchidas com o tempo. A incerteza dos desígnios da vida é o que nos compele a viver. Ele foi um homem importante para mim. Porventura ele nunca soubesse disso, mas ele foi um espelho relevante em meu processo. Por isso, enquanto eu viver, ele estará presente em minhas lembranças.

Tanto o sofrimento dele quanto o meu me ensinaram a lição de que a vida é caridosa porque fornece o essencial para o aprendizado. Ser melhor é direito de todos. Não importa como, quando e o que faremos, o importante é realizar a tarefa com empenho, humildade e despojamento do ego. A verdadeira prática do cuidado recusa julgamentos. Julgar não ameniza sofrimento. Pelo contrário, carrega culpa, desvia o foco, incapacita a resiliência.

Não é possível entender a doença porque ela não existe sem o doente. Quando o doente entra em cena, entra também todos os aspectos de sua existência. É como numa peça de teatro: quando o ator sobe ao palco, ele é o personagem que tem uma história para contar. Ele veste roupas e usa maquiagem, outros personagens são convidados a contracenarem com ele. Existe um *script* a seguir, gestos a expressar. Há também espectadores silenciosos que se emocionam com a *performance* dos atores. Ninguém entende uma peça de teatro fora de contexto. Toda história é compreendida pela totalidade.

Como personagem dessa história, percebi que julgar o meu companheiro seria incorrer no erro de me afastar dele. Distante, não seria capaz de realizar a experiência do cuidar. Trazê-lo para perto me proporcionou uma melhor visão de mim mesmo. Ele, com rancor e despotismo, me fez ser mais simples, mais generoso, e me fez aprender que, muitas vezes, a dor e o amor caminham lado a lado no processo da integração.

Nunca serei superior aos doentes tratados por mim. Como no mito de Quíron[20], sou terapeuta porque estou ferido. Não poderia me sentir mais sadio que eles se continuo a carregar a dor de minha existência. Essas pessoas fazem parte de mim porque somos fragmentos que se somam para formar um todo maior. Portanto, seria errado pensar que estou em uma situação favorecida. Ser consciente de mim mesmo me torna mais forte, apto para ajudar, socorrer quem tem ânsia de plenitude.

Quando sou convidado a alimentar essas pessoas, sou grato à fonte que me alimenta. Enquanto continuar a peregrinação pela integração das consciências, poderei enxergar com olhos do espírito, pois ,do contrário, como dizia Jesus: "Se um cego conduzir outro cego, ambos vão cair".[21]

Somos responsáveis por nossas relações

Um grande problema enfrentado por mim foi ter aprendido que o "envolvimento emocional" interferia negativamente na recuperação do doente. Aprendi a separar tudo, inclusive o meu corpo do corpo do outro, como se isso fosse possível. Esse aprendizado incoerente me causou grandes confusões e desperdício de energia. Quando me comovia ao ver o sofrimento do outro, buscava modos de me desvencilhar de tais sentimentos. Mesmo com esforço de não me envolver, sofria junto ao outro. Aprendi que tinha de ser "forte", pois o "bom" profissional é aquele que sabe segurar as "barras" do doente, sem se misturar. Na prática supervisionada, na clínica-escola da universidade, aprendi a prática do afastamento. Coitado do acadêmico se, num gesto de despedida, beijasse ou abraçasse o paciente. Era repreendido na mesma hora pelo supervisor-doutor. Não era raro ouvir de alguns supervisores: "Você está tratando o paciente como se fosse seu amigo. Isso não é conduta de um bom profissional." Todo gesto generoso podia ser interpretado pelo

---

[20] Quíron era metade homem e metade cavalo. Ele era o senhor das ervas medicinais da cura. Ao ser ferido na perna por uma flecha embebida de veneno da Hidra, Quíron não morreu porque era imortal. Contudo, a ferida era incurável, mesmo ele sendo o deus da cura. Quíron era sábio e professor, e a sabedoria dele aumentava gradualmente com a própria dor. Certa vez, Prometeu, compadecido, cedeu a Quíron o direito de morrer para acabar com o sofrimento. Sendo assim, Quíron ascendeu aos céus e se transformou na constelação de sagitário.

[21] Evangelho de Tomé – Logion 34.

supervisor como prática profissional desregrada. Havia um item na avaliação do estágio denominado *Conduta e Desempenho Profissional*, que versava: "Todo aluno deve ter comando de terapia e postura ético-profissional".

Quando me formei estava livre para seguir e ser responsável por minhas condutas. Contudo, o aprendizado tinha sido tão marcante que não me abandonava. Tinha receio de me envolver e perder o "comando de terapia". Ao mesmo tempo, vinha-me à mente a famosa frase do livro *O pequeno príncipe* de Antoine de Saint-Exupéry: "Você é responsável por aquilo que cativa". Eu não havia lido o livro na infância. Não li, e pior, repetia a frase aos quatro ventos sem saber o que ela podia representar na prática terapêutica.

Quando adulto e já graduado, resolvi ler o livro. Saboreei cada palavra e me simpatizei com o texto de tal modo que não podia mais tratar as pessoas de outra maneira que não fosse pela cumplicidade da relação. Pois, como a raposa diz ao pequeno príncipe, cativar significa "criar laços".

> Tu não és ainda para mim senão um garoto inteiramente igual a cem mil outros garotos. E eu não tenho necessidade de ti. E tu não tens também necessidade de mim. Não passo a teus olhos de uma raposa igual a cem mil outras raposas. Mas, se tu me cativas, nós teremos necessidade um do outro. Serás para mim único no mundo. E eu serei para ti única no mundo...[22]

Aos poucos, entendia que a cura estava na relação sujeito-sujeito. Isto é, na relação Eu-Você e não na relação Eu-Isso, como haviam me ensinado. A cura só existe no compromisso mútuo, no despojamento do orgulho e na libertação recíproca. No entanto, não podia haver hierarquia, muito menos qualquer fronteira que separasse o doente e o "não-doente". Se eu tinha liberdade em escolher estar ali, estava incluído no processo, fazia parte do contexto terapêutico. Portanto, era preciso dar respostas (ser responsável) fiéis, retirar as máscaras. Fui me especializando na arte de ser gente. Não foi nada simples, porque minha formação acadêmica tinha sido cruel, e o fantasma do "envolvimento" me perseguia.

Alguns professores ensinavam que não éramos gente interagindo com gente, e sim profissionais que corrigem *defeitos* das máquinas humanas.

---

[22] SAINT-EXUPÉRY, Antoine de, 1981, p. 68-69.

Escutei, muitas vezes, de meus colegas a expressão: "É preciso se proteger". Se proteger do quê? Hoje compreendo: o perigo era sofrer com o outro, comover-se. "Se vocês se envolverem, ficarão cegos, não suportarão fazer o trabalho." Eu precisava trabalhar e, por isso, tinha de aceitar as regras do jogo. Precisava do sustento para apaziguar minhas ambições materiais, preencher os vazios de minha existência.

Todavia, outro ensinamento da raposa ao pequeno príncipe foi importante para mim: Os homens não têm mais tempo de conhecer coisa alguma. Compram tudo prontinho nas lojas. Mas como não existem lojas de amigos, os homens não têm mais amigos. Se tu queres um amigo, cativa-me![23]

Lembro-me de um colega falar que sua paciente havia dito a ele que era o melhor amigo dela. Ele retrucou indignado, dizendo que, se ela quisesse um amigo, teria de procurar em outro lugar, porque ali ele era só um profissional que tratava dela. Ele não tinha tempo para ficar pensando em ter amigos, principalmente amigos com deficiências. "É preciso separar o joio do trigo"; ele se referia à passagem bíblica, como se fosse cristão.

Após longos anos, como professor universitário, formando profissionais, percebi que ninguém consegue formar um terapeuta; eles já nascem prontos. Ser terapeuta é mais do que o aprendizado de técnicas; ser terapeuta é verdadeiramente ser quem você é. Isto é, ser humano, falível, vulnerável, simples, vacilante.

Ser terapeuta é ter compromisso com o outro. Aconteça o que acontecer, o terapeuta estará sempre por perto, a fim de gerar alívio. O espaço-tempo é diferente aos terapeutas. É possível orientar as pessoas, mesmo que elas estejam distantes fisicamente. Quando existe, de fato, relação de cumplicidade, não existe separação. Não há tempo marcado ou espaço delimitado.

Posso ir mais longe, ao ser poético, pois a palavra poesia significa também "criação". O que um terapeuta deve exercer é a arte da criação de novos espaços para a renovação, para a reconciliação do doente consigo mesmo. Portanto, ser terapeuta é ser simples como o vento.

---

[23] Ibidem, p. 70

Aprendi que não há relação sem envolvimento, pois, quando estamos com o outro, passamos a ser um pouco o outro. Se eu não cativasse as pessoas, e se elas não me cativassem, não construiríamos caminhos possíveis para descobrir passagens para uma vida mais vibrante. Por isso, a raposa tem razão quando diz:

> Minha vida é monótona. Eu caço as galinhas e os homens me caçam. Todas as galinhas se parecem e todos os homens se parecem também. E por isso eu me aborreço um pouco. Mas se tu me cativas, minha vida será como que cheia de sol.[24]

As pessoas mostram grande satisfação quando estou com elas. Do mesmo modo, o contentamento que sinto é inenarrável. Descobrimos juntos detalhes de nossas vidas que, sozinhos, não seríamos capazes de descobrir. Tecemos nossa relação como num *patchwork* cujas linhas coloridas são cheias de significados. Por isso, essas pessoas anseiam por minha chegada, como também eu desejo estar com elas. Quando chego, tudo se transforma. Mesmo em situações de sofrimento, a dor é mesclada com doses de felicidade. Pois, quando a dor desaparece, surge o prazer. Cada sessão terapêutica é um rito de passagem. Somos tocados de maneira a sermos sempre diferentes do que éramos. É como as chuvas no fim das tardes de verão, quando as nuvens se dissipam, o sol aparece brilhante.

Enquanto fui o mecânico da máquina, não via isso, estava fixado nas doenças, não enxergava pessoas. Quando permiti vincular minha consciência com as das pessoas, fui cativado e me tornei melhor. Como a raposa prega com tanta satisfação depois que o pequeno príncipe retorna no dia seguinte:

> Teria sido melhor voltares à mesma hora, disse a raposa. Se tu vens, por exemplo, às quatro da tarde, desde as três eu começarei a ser feliz. Quanto mais a hora for chegando, mais eu me sentirei feliz. Às quatro horas, então, estarei inquieta e agitada: descobrirei o preço da felicidade! Mas se tu vens a qualquer momento, nunca saberei a hora de preparar o coração... É preciso ritos.[25]

Precisamos preparar o coração para receber o alimento que nos integra. Por isso, acredito que a vida é uma terapia contínua. A cura surge em cada

[24] Ibidem, p. 70.

[25] Ibidem, p. 71.

momento como milagre. Enquanto estivermos vivos, assimilaremos os ensinamentos necessários a nossa ontogênese. Tudo o que for preciso ao desenvolvimento nos será dado. Contanto, não devemos esquecer as relações, pois nascemos para evoluir e auxiliar na evolução dos outros seres. Seremos sempre responsáveis pelos laços que construímos, e como a sábia raposa ensina ao pequeno príncipe: "Os homens esqueceram essa verdade. Mas tu não a deves esquecer. Tu te tornas eternamente responsável por aquilo que cativas."[26]

O sopro e a consciência

Toda relação se fundamenta no fluxo contínuo de inspiração e expiração. Quando a palavra é pronunciada (expiração), o outro se coloca a ouvir (inspiração), recebe o impulso que sai de nós a fim de assimilar e devolver (expiração) para nós. A relação humana é como o ir e vir das marés, a alvorada e o ocaso, a tempestade e a bonança. Os corpos em relação se expandem e contraem, dão e recebem. Em resumo, tudo respira, tudo tem sopro. É mediante o sopro que o ritmo da vida se realiza. O sopro está entre o céu e a terra, em toda parte. Ele fornece a energia que sustenta a vida.

A auto-organização de todo sistema vivo necessita de energia e matéria. A expansão propicia o movimento direcional em busca do alimento, trazendo-o para perto, a fim de incorporá-lo. Estar em relação pressupõe sobrevivência. Estamos envoltos pelo sopro como peixes dentro d'água. É conteúdo e continente. Conteúdo porque adentra os nossos pulmões, e continente porque está ao redor, em todas as coisas e em todas as partes de nosso mundo.

O ar que respiramos renova as células e nutre a matéria transformando-a em massa energizada. Assim somos blocos dinâmicos formados por processos de criação-destruição-criação. Recebemos do espaço relacional, assimilamos e devolvemos a ele.

Os ritmos da respiração propiciam relação, pois estamos unidos a tudo pelo processo de entrada e saída do ar. Ninguém pode estar centralizado o tempo todo no ego. É preciso sair de nós mesmos, expirar, para estar com o outro, em contato. Por isso, nossos pulmões são órgãos de comunicação. Os

[26] Ibidem, p. 74.

meus pulmões não podem se privar do ar que o outro também respira. Comunicamo-nos na linguagem do ar que respiramos. Nesse sentido, o ar que respiro é o mesmo ar que você respira agora. Assim, estamos unidos. Por essa perspectiva, não há distância entre nós. Somos iguais porque comungamos o mesmo ar.

As línguas antigas usam a mesma palavra para respiração e para designar o espírito ou a alma. Em latim, *spirare* quer dizer respirar, e *spiritus* significa espírito; em grego, a palavra *psyque* indica alma como também respiração. Em sânscrito, a palavra *atma* (alma) também corresponde à palavra germânica *atmen*, que significa respirar.[27]

Na história bíblica da Gênese, o sopro de Deus dá vivacidade à matéria, ao húmus que se torna homem. O hálito de Deus espiritualiza a carne, criando-a para a vida. É o sopro divino que torna o humano *inspirado*. Quando o ar entra em meu corpo, sem resistências, sou alimentado pela fonte de Deus, e a renovação ocorre porque algo novo aflora em mim.

A respiração é processo complexo porque possui ritmos diferentes para situações diferentes. O padrão respiratório de uma pessoa tem identidade própria baseada na história vivida. Quando existe medo, a respiração se torna superficial; quando há alegria, o ar avança até as bases pulmonares e alimenta todo o sistema. A respiração, portanto, é diferente para situações diferentes. Respiramos de acordo com as nossas experiências.

O relacionamento fundamentado na solidariedade (laços de reciprocidade) é uma relação com potencial de transformação. Aumentam as possibilidades de novos modos de existência para ambas as pessoas. A potencialidade latente está no ponto da pausa, ou seja, no fim da inspiração e início da expiração. É nesse ponto que as escolhas são feitas a fim de serem levadas adiante, ou elas podem ser retidas, sufocadas, obscurecidas, tornando-se superficiais. Freqüentemente observamos pessoas que respiram superficialmente por se sentirem atacadas pela vida. Quando solicitadas a respirarem de modo mais profundo, ou levantam os ombros, ou criam resistência nasal à entrada do ar.

É no espaço intermediário que compartilhamos nossas consciências. Por assim dizer, a consciência é sopro, dinâmica da vida. Embora a consciência

[27] DETHLEFSEN, Thorwald; DAHLKE, Rüdiger, 1994.

seja solitária, somos capazes de transferir um pouco de nós aos outros por meio da respiração, pelo verbo. Do mesmo modo, recebemos a consciência alheia e a assimilamos. Se permitirmos ser inspirados pela consciência alheia, teremos novos meios para retornar à esfera da interioridade.

Ao recebermos a inspiração e entrarmos em silêncio, vibramos em comunhão com nós mesmos. Nesse vazio, somos agraciados com o vento, o sopro da vida. No silêncio, escutamos a voz de Deus; na oração (palavra), falamos com Ele. Tudo advém do sopro que é comunicação. Por intermédio da respiração profunda, retornamos a nós mesmos. Lá é possível sentir nossa realidade privilegiada de ser quem somos, ter a noção de pensar o que pensamos, decidir fazer escolhas para nos realizarmos. Quando estamos em silêncio, atentos ao ritmo da respiração, estamos presentes, sem escapar de nós mesmos. Quem recusa o silêncio, rejeita estar consigo mesmo, abomina indagar sobre o interior de si mesmo. A recusa está na rejeição de ser quem é porque não há adequação aos modelos propostos pela cultura. Não se consegue silenciar a mente se as palavras não deixam de tomar conta do pensamento. Atualmente, vejo muitas pessoas falando sozinhas na rua. Elas param diante das vitrines das lojas e discursam ao vidro, sem se dar conta de que estão falando e gesticulando. Acreditam talvez que a palavra desautorize a solidão. É difícil estar centrado e, ao mesmo tempo, pensar em mil coisas, gesticular e respirar superficialmente.

Estar atento ao ritmo da respiração é o caminho para estar centrado. No centro, está a unidade simbólica do amor cujo templo sagrado é representado pelo coração. Este se localiza ao centro, entre os dois pulmões. No coração, está a misericórdia (a palavra misericórdia – *misericors* – é formada sobre a palavra coração). A misericórdia é perdão. Portanto, está no centro a possibilidade de começar de novo. Quem perdoa não fortalece o passado, segue adiante. É no coração-centro que optamos pela melhor escolha, e, por conseguinte, é mediante os movimentos do corpo que daremos forma ao mundo impessoal.

Sair de nós mesmos é compartilhar, ser corajoso para aceitar o mundo, e saber que, após o percurso em direção ao outro, podemos retornar à fonte, para enriquecer nossa história. "Saí do Pai [expiração] e vim ao mundo. Agora deixo o mundo e volto [inspiração] para junto do Pai."[28]

---

[28] JOÃO 16:28.

Em suma, estar em contato com a esfera da interioridade é ser consciente, na medida em que ser consciente é ser íntegro e divino.

Uma vez que temos a consciência, é preciso fazer bom uso dela. Para estar ciente de algo, é preciso estar presente. Caso contrário, o conhecimento da situação se torna inábil ao que se revela a nós.

Portanto, a consciência é essencial para estar no mundo. Quem vive no futuro está fora, preocupado com as "engrenagens" da vida. Fazer a travessia da vida sem estar consciente do vivido é recusar-se a ser e estar presente, é alienação, é estar dividido – *diábolos* é o que divide, desune. Por essa razão, muitos se arrependem, na velhice, por não ter tido consciência da própria vida. "Naquela época, estava preocupado com o trabalho", relatam os angustiados pelo tempo perdido. Será que o trabalho pressupõe alienação? Obviamente não, mas viver no presente é aceitar o vivido, aceitar quem você é. Quando há consciência do momento, há aceitação da própria existência. Sem o encontro da verdade pessoal, o presente se perde no ruído do passado ou do futuro alienante. O presente deixa de existir como marco existencial.

A fragmentação surge quando há recusa das circunstâncias da vida, quando se acredita que os acontecimentos vêm do outro lado. Por isso, a doença (fragmentação) é vista como algo que surge do lado de fora; o perigo está no ar, atingindo o indivíduo que não tem nada a ver com isso. Isso não é verdadeiro, pois só somos infectados quando o nosso sistema imunológico "abre guarda" para ser infectado. Ou seja, tudo parte de dentro, de nossa consciência, antes de estar aberto à contaminação. Em resumo, estar afastado do centro é ser vulnerável ao adoecer. Se o coração é o símbolo (o que une) do amor, é também fonte de integração, conhecimento, saúde, salvação.

Quando alguém sai do centro, para viver fantasias e preocupações, fica suscetível à fragmentação. Por outro lado, a integridade nasce no comportamento do espectador consciente de sua unidade e princípios.

A autoconsciência é fator primordial para ser íntegro. Só podemos ser inteiros quando estamos no presente, aceitando a situação como ela se apresenta, pois a situação nada mais é do que a nossa co-criação. Ser autoconsciente é indagar sobre nós mesmos, saber aonde estamos indo. Porém, sem estar atento ao sopro, negligenciamos o sabor de apreciar a travessia.

A grande aventura em saber quem somos só pode ser desvendada pela autoconsciência. Se o que importa é o caminho, por que estragar a aventura da descoberta? A busca nos incita movimento e vida, e é assim que brincamos de viver. Por que não? Se viver é processo de aprender, o brincar é o aspecto prazeroso desse processo.

As tribos das Planícies e de Koshari pelos Hopis e Pueblos têm um Trickster Divino chamado *Heyokah*. Ele é um palhaço sábio que fornece ao seu povo ensinamentos com humor e risos. Ele gosta de ensinar por meio de opostos, fazendo com que as pessoas não se levem tão a sério. O principal objetivo do *Heyokah* é diminuir a teimosia e o medo pelo riso. Ele ensina que devemos brincar e rir com as nossas próprias tolices.[29]

O riso é um meio de cura porque libera as tensões, propicia o aprofundamento da respiração. O riso cura porque flexibiliza o corpo. Quando o diafragma é liberado, os bloqueios emocionais são eliminados. A luz da consciência é novamente acesa, e tudo se torna mais claro e nítido.

A meditação é uma técnica importante para estarmos com nós mesmos. Para compreender a caminhada, é preciso conhecer o caminhante. É por meio da meditação que é possível acender a luz que iluminará a trajetória da vida. Por isso, as religiões orientais nos fornecem tantas técnicas de autoconhecimento pela meditação. É interessante notar que as técnicas meditativas utilizam a respiração como fomentador do processo de aprofundamento. A respiração é a luz-guia na comunicação com o Eu profundo, o mestre que nos ensina o melhor caminho a seguir.

A árvore pulmonar leva em hebraico o nome de *Réa*, palavra que, pronunciada *Roé*, é o verbo "ver". Essa palavra poderia ser lida: a luz no alento.[30] Portanto, a respiração é a possibilidade de enxergarmos a nós mesmos na escuridão de nossa esfera de interioridade. A jornada se torna excitante quando aprendemos que tudo está aqui e agora, na inspiração e na expiração. Não é preciso ir longe para encontrar respostas, elas estão dentro de cada um. Estão lá, aguardando a luz da consciência para se revelar. O viver nos instiga a descobrir meios para conhecer o porquê de nossa existência. Nós, como seres

---

[29] SAMS, Jamie, 1998.

[30] SOUZENELLE, Annick de, 1994.

autoconscientes, podemos viajar por dentro de nosso ser e descobrir formas particulares que nunca imaginávamos saber. Nesse sentido, respirar é iluminar sombras. E todos sabem que, quando jogamos luz nas sombras, elas desaparecem. O resultado disso é entender que estamos aqui, nesta existência, para sabermos melhor o que é necessário para o aprendizado espiritual. Ser sisudo com o aprendizado é deixar de lado a essência-criança, é colocar à parte a brincadeira para nos tornarmos homens sérios sem consciência. Quando um homem sério e sisudo acredita que a vida é dura, ele será isso, um homem pesado, inflexível como as rochas.

Não somos pedras, mas podemos estar como elas. É importante a flexibilização, a dinâmica do brincar. Quando uma criança brinca, esquece as obrigações. Precisamos também esquecer as obrigações de vez em quando para não enrijecermos. Seremos humanos enquanto fluirmos na vida.

Quando o homem e a mulher se afastam de sua humanidade, suas células se rebelam. Insistem em retornar à vida. Todavia, a diferenciação se torna confusão, e, na procura de uma nova forma, surge o câncer.

Do mesmo modo que nossas células se rebelam para formar o diferenciado, elas também vibram em uma alquimia fantástica, revelando a força da integridade. A luz nasce dentro delas para que elas se juntem novamente em comunhão. Portanto, não posso pensar na cura sem acreditar na espiritualidade. Leonardo Boff tem uma definição de espiritualidade que acho relevante citar:

> ...[espiritualidade] é a nossa capacidade de dialogar com o EU profundo e de ouvir os apelos do coração. É a consciência que se sente inserida num todo maior e que capta o elo secreto que tudo liga e religa à Fonte primeva de todo ser, chamada Deus. Com ele, entretém diálogo de intimidade e de amor. A espiritualidade é a aura que sustenta os valores de solidariedade, compaixão, cuidado e amor, fundamentais para uma sociabilidade verdadeiramente humana.[31]

Espiritualidade é sopro porque fornece o alimento a ser comungado. Negligenciar a si e o outro é ficar à deriva, corrompido pela dor do egocentrismo que

---

[31] BOFF, Leonardo, 2002, p. 85.

nada cria. Jesus nos ensinou que, quem perder a vida, a ganhará. Portanto, Ele queria dizer para deixar o controle, expirar para doar, despojar-se do ego para conviver, soltar-se para alcançar a flexibilidade fundamental à vida, libertar-se para atingir a salvação. Ninguém precisa se esforçar para entender esse ensinamento. Quando aprendemos a lição, a doença se torna desnecessária. Podemos caminhar na vereda da paz porque estamos no centro de nós mesmos. É no centro que reside a verdade de cada um.

Entretanto, a liberdade de aprender pelo caminho mais fácil é também escolha. Ninguém escolhe sozinho, porque somos seres gregários, culturais e históricos. Em nosso trajeto, infelizmente aprendemos que a dor pode ser vista com dignidade, que o sofrimento pode ser o processo do mártir, do herói. Até que ponto nós somos livres para decidir o nosso destino? São tantas escolhas que não sabemos ao certo quando escolher. O simples fato de mudar a página deste livro é uma escolha feita por você. Contudo, a escolha foi feita porque algo o mobiliza a optar por isso. Então, o livre-arbítrio existe, porém ele não é individual, e sim pertencente à coletividade.

Quando escrevi este livro, sabia que teria você para estar comigo nesta jornada. Posso não conhecê-lo, mas nada é em vão. Tudo é escolha coletiva porque tudo está em relação. Desse modo, é possível optar por não sofrer, escolher ser heróis pelo amor. E, se somos mais do que organismos individuais, na medida em que somos também organismos complexos que interagem e interdependem entre si, as escolhas não-conscientes já estão sendo feitas por mim e por você no aqui e no agora. O fato de eu escrever o que você acaba de ler torna-o mais responsável por sua própria vida, torna-o um ser mais consciente e espiritualizado.

À medida que se torna mais apto a dar respostas, torna-se também um ser íntegro, cúmplice da totalidade, o que propicia a todos nós ser um universo mais consciente e menos aleatório.

Últimas considerações

A vida não é mais do que uma sombra errante.
William Shakespeare

A MANDALA TRADICIONAL HINDU designa a imagem do mundo, além da representação das potências divinas. O círculo representa o múltiplo, a forma, o visível, enquanto o ponto é a chegada, a presença divina, em que não há espaço nem tempo, somente totalidade e integração. Muitas pessoas, tanto do Oriente quanto do Ocidente, meditam sobre uma mandala para adquirirem um senso de unidade com o universo, um sentido de pertencimento espiritual. A forma circular sempre nos fascinou, talvez porque sejamos constituídos por padrões circulares. Se atentarmos aos padrões criativos da natureza, veremos formas arredondadas em suas manifestações. Só para citar alguns exemplos, temos as margaridas, as manchas da girafa e as listras da zebra, o movimento de uma onda do mar, areias do deserto, uma colméia, caramujo, a pinha e o repolho, um floco de neve, impressão digital de uma pessoa, uma gota etc.

Aristóteles acreditava que o círculo era a forma mais perfeita da geometria. Para ele, o movimento circular era contínuo e, portanto, eterno.

Durante o nosso percurso aqui, verificamos que a mente não é o cérebro, a consciência não é produto de uma biologia materialista, e as imagens mentais são as que nos dão noção de nossas múltiplas realidades. Mesmo assim, muitas perguntas ficaram inconclusas. Atingir o fim de um trajeto não significa obter respostas absolutas, e sim abrir para outros percursos e novos questionamentos.

Nunca finalizamos nada; o fim é somente o início de um novo ciclo, como na representação da mandala, e nas manifestações criativas da natureza.

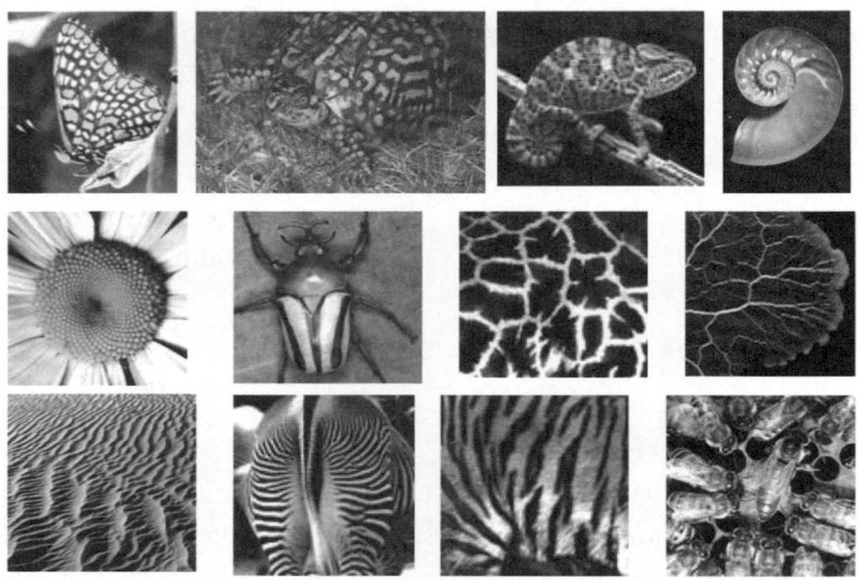

CAMAZINE, Scott et al. *Self-organization in biological systems.* Princeton: Princeton University Press, 2003.

O humano é irredutível, incerto e instável, impossível de se obter explicações lógicas. Por isso, em nenhum momento, tive a pretensão de adquirir respostas absolutas. A meu ver, estamos longe de alcançar uma resposta definitiva para a mente. Ela se sustenta por paradoxos, enigmas indecifráveis, nos quais toda interpretação fechada é somente um jogo da própria mente. Ela graceja consigo mesma, suscita crenças, produz verdades a fim de nos satisfazer.

Quanto mais nos aproximamos do conhecimento, mais nos deparamos com contrapontos, porque todo conhecimento é relativo. Conhecer é pensar, pensar é criar. Conhecer é o ponto de partida na adequação entre o entendimento e a coisa em si. É impossível conhecer totalmente o humano, pois ele é um vir-a-ser contínuo, dentro de seu contexto vivido. Fragmentar o humano para analisá-lo é corromper o estado do ser, é coisificá-lo. O fim de um humano é o início de outro. Eu termino onde você começa. Nunca saberemos em qual ponto estamos na roda da vida.

Portanto, o outro me alimenta de diferenças, e eu retroajo nele. Forma-se uma rede que propicia o avançar. Nascemos para evoluir e auxiliar os outros em sua evolução. Na trama da evolução, o meu conhecimento imiscui-se no desconhecimento do outro, e vice-versa, a fim de irromper em acordos, novos meios de relacionamento e aprendizagem. Aprender é romper com ideologias para se atingir outras perspectivas (ainda de nós mesmos). No encontro dos corpos, está a regeneração espiritual, um diálogo profundo de mim para mim para saber quem é o outro. Do mesmo modo, conhecer o outro é se ver refletido. Nada está fora da mente; ela confecciona realidades e saberes de modo único e intransferível.

Estar em relacionamento, no entanto, é estar em fluxo, em descoberta contínua, no vir-a-ser interrupto. O Prêmio Nobel de Química, Ilya Prigogine, nos auxiliou a ver a vida por outro ângulo. A partir de suas pesquisas na termodinâmica, fomos capazes de entender que ser humano é ser inacabado e complexo, e isso mostra que estar distante do equilíbrio é possuir mais chances de viver.

Afastarmo-nos do centro é a jornada mítica do herói. No entanto, ser persistente na busca do significado da vida é o que nos propicia continuar. A procura permite a trajetória, o caminho do aprendizado. É no deslumbramento das paisagens mentais que evoluímos. O valor que damos ao percurso é o que menos importa; o relevante é a travessia – o presente –, a potência da matéria, a força para lograr o cumprimento do trajeto. Como o mito nos ensina, após a jornada, é o momento do retorno, a vez de compartilhar com os outros o fogo de Prometeu[1].

A mente é livre, só é limitada pela realidade dela mesma; portanto, está aberta ao aprendizado. Sabemos que viver é trafegar pelo dia e pela noite, na luz e nas trevas, pelo sofrimento e alegria. Viver é caminhar no absurdo e na sensatez, no simples do momento e no complexo do eterno. O medo pode nos convencer a só almejar o futuro para que não entremos em contato com o instante, enquanto a coragem e a responsabilidade propiciam a alegria de ter a presença no presente. Somos capazes de visitar o passado e nele permanecer, mas lá não residirá o conhecimento, só escombros de sombras da mente. O fluxo da existência não pára. Tudo é continuidade circular. Tudo inicia onde estamos. Nada está além ou se foi. O aqui e agora é a novidade emergente, possibilidades suspensas, o vir-a-ser ininterrupto.

---

[1] No mito, Prometeu rouba o fogo dos deuses para levar aos humanos.

Viver é cumprir um rito de passagem, é se ramificar e desvelar cenas antes escondidas nas profundezas da mente. Tudo sempre estará ao nosso alcance; a impossibilidade de alcançar o que se deseja está no controle (*rolar contra*). Muitas vezes, demoramos a conhecer o caminho, dando voltas dentro da mandala, e não atingimos o alvo; isso é pecar[2]. Elaborar o significado da existência é o potencial do guerreiro. Ao desconhecer o caminho, munimo-nos de eficiência, porque as pernas se fortalecem na ação do incerto. Assim podemos continuar a fazer a passagem, afastando-nos do equilíbrio, que nada cria. Porventura soubéssemos o que existe alhures, será que nos mexeríamos? Todo movimento parte da dúvida, da dualidade, daquilo que se quer. Na ambigüidade, surge a potência de criação. Nossa natureza é nutrida pela curiosidade e inconstância. O fim pode justificar satisfação, mas logo a inquietação irrompe, e retornamos ao movimento. O que fascina é o mistério, o inconcebível. Mesmo que desvendá-lo seja impossível – se assim fosse possível, ele deixaria de ser mistério –, essa é a meta de todos. Viver o mistério é se abrir ao sonho de tudo poder ser, é o ponto de partida da consciência.

O invisível se materializa no visível, torna-se consciente. O universo da mente é espiritual e vital, portanto informe, pronto a dissolver-se em universo formal, material, explícito. O invisível se manifesta para que possamos conhecer melhor o caminho de peregrinação.

O significado está no tempo presente quando respondemos às demandas da vida. Nunca temos respostas prontas, porque não somos capazes de viver situações repetidas. Esse é o legado de todo ser vivo, o desafio da responsabilidade. Quem só pensa no futuro ou se nutre de expectativas é irresponsável, porque não responde às exigências do momento presente. Sem responsabilidade, não há significado. Isso pode levar à desistência, pois muitos morrem por nada quererem aprender.

Vivemos pela certeza de nada saber. O não-equilíbrio é o gerador de incertezas. Isso nos propicia liberdade. É preciso ter consciência; e assim que conhecemos, é preciso se desapegar do que se conhece. A consciência nos foi dada para isso, para saber que nada sabemos. A certeza é imobilidade, porquanto é a morte. Mesmo assim, não alcançaremos o fim, porque a vida é uma

[2] A antiga palavra grega pecado significa "errar o alvo".

mandala, um círculo sagrado que nos gera o movimento interrupto. Desse modo, é formado o corolário da existência humana. O fim de um homem ou de uma mulher é o início de outros. Toda espécie evolui no revezamento. A morte tem o seu próprio significado. Ao deixar o espaço do mundo, damos chances de vida e experimentação aos outros que nos sucedem. Eles terão a oportunidade de responder às demandas que não conseguimos responder em nosso tempo. O abandono de nós mesmos é apenas abandono do ego. Trocar de lugar, incorporar outros personagens pode ser uma das experiências mais marcantes da evolução. Vivemos para evoluir, vivemos para fazer passagem do profano ao sagrado. Esse talvez seja o grande significado da vida.

Foi assim que pude compreender a morte de minha mãe e saber que ainda continuo com tudo o que me pertence. Eu seria muito egoísta se lamentasse a morte dela. Ela continua em mim, eu continuo nela preenchendo o que ela não conseguiu preencher. Somos mais do que a soma de nossas partes porque somos outros, e os outros também são nós mesmos. Esse é o nosso legado. É preciso dar o salto quântico para vislumbrarmos a eternidade.

Se tudo está na mente, porque não podemos conceber nada sem ela, tudo está no vazio. A mente é o vazio criativo, o ponto zero e infinito, o centro da mandala, o início da construção da forma. Se a forma é ilusão, ela é também o vazio. Isso nada mais é do que processos emergentes a dar compleição ao que denominamos de realidade. Atualmente, a física das partículas elementares nos ensina que existe energia no vazio, porque nada pode parar. Por assim dizer, no vazio, existirá sempre um movimento residual. A energia do vácuo é ainda um dos Zgrandes mistérios da física moderna. Os cientistas acreditam que é essa energia que propicia a expansão do universo, a existência positiva[3].

A idéia de um universo que se expande é a mesma idéia da evolução incessante da espécie humana. A expansão é um movimento direcionado à frente. Tudo nasce do ponto, do centro, do vazio, da contração. É nessa energia

---

[3] De acordo com Patrick Paul (1998), o célebre rabi Isaac Lúria (século XVI) falava acerca do retiro do Divino – tzimtzum –, no qual o movimento de contração do Absoluto – entrada Dele dentro de Si mesmo – permitia a criação de um lugar, de uma região vazia, onde tudo seria possibilidade. Nesse vazio, nascia o outro, isto é, o mundo, as criaturas. Através delas, o Absoluto poderia contemplar Sua sabedoria, Sua ilimitada potencialidade. No retiro do Divino, estabelecia-se a passagem entre a existência negativa (o indiferenciado, o infinito) e a existência positiva (o diferenciado, o "finito").

residual que a ordem implícita se desdobra em ordem explícita[4]. Isto é, a consciência se torna matéria viva, mundo manifesto. Para entender melhor, observamos como exemplo um aparelho de televisão que transmite um filme. A televisão não é o filme; são duas coisas diferentes que se complementam, uma interdepende da outra. Se a minha televisão da sala se danificar, o filme continuará passando, porém não consigo assistir ao filme, porque algum problema está ocasionando chuviscos na tela, e o som está distorcido. Porém, como tenho duas televisões e não quero perder o filme, posso optar por assistir-lhe na televisão do quarto. Isso significa que, mesmo com a televisão da sala danificada, posso assistir ao filme. O problema está no aparelho que está incapacitado de captar a transmissão das ondas eletromagnéticas, e não no filme que continua. A consciência e o cérebro têm relações semelhantes. Se o cérebro sofrer lesão, não significa que a consciência se perca. Ela altera, mas não desaparece, porque a consciência transcende o cérebro.

A realidade é uma imagem mental, é um símbolo reunindo várias peças do todo indivisível e não-manifesto em contextos possíveis. Como escreveu Bergson: "A realidade é apenas um caso particular do possível". Somos imagens interagindo com outras imagens no cenário do mundo. A consciência existe para sabermos que tudo nasce em nós, a partir de possibilidades suspensas. Partilhamos essa realidade com os outros porque possuímos consciências comuns. Por isso, sempre construímos a realidade por meio de nossa consciência coletiva. Apesar de cada um ter sua própria realidade não-consensual, nossas sondas sensitivas são o resultado de uma evolução conjunta. Por isso, sinto e elaboro o sentido de modo diferente dos outros, porém tenho a capacidade de colocar minhas impressões no cenário do mundo, no qual o outro poderá me compreender. Assim, a linguagem e os sentidos facilitam a emergência da partilha consensual.

Nada mais é do que o resultado final de uma centelha da consciência. Se todos participarem da mesma centelha, então teremos a realidade sentida, experimentada como real. Mesmo assim, ela nunca deixará de ser somente uma idéia na mente. Nada pode entrar em nós senão sinais que se transformam em imagens mentais. O que levamos são apenas espectros do que acreditamos ser o mundo.

---

[4] BOHM, David, 1998.

A mente, entretanto, é fluxo, processo, transição. Algumas pessoas crêem na estabilidade para se sentirem mais seguras e situadas. Porém, isso nada mais é do que produção da mente criativa, pintura no cenário mental. Saber surfar na incerteza ainda é o melhor método de alcançar o significado. Tudo o que é conhecido não é novo. As mentes mais criativas são as mentes mais instáveis.

Se o fim é apenas o início de um novo ciclo, ninguém é eliminado na fronteira do tempo. O tempo é travessia, como a lua cheia que desaparece no céu sem encerrar sua passagem. Tudo continua a girar, e essa energia renova a visão da Lua em um outro *continuum*. A mesma Lua estará sempre lá, intensa a brilhar e me colocar novamente no parapeito da janela de minha infância. Nunca abandonarei a lembrança, mesmo que me desapegue à idéia. As idéias são fugidias, elas precisam ir. Contudo, a lembrança é o aroma, a visão, o tato, o olfato e o paladar que me fazem ser humano. Fui constituído e hoje estou aqui, sem me abandonar, sendo o que posso ser. Tenho todos os tempos dentro de mim, sou todas as estações. A minha realidade significa imagens suscitando formas, fluxo de lembranças, arranjos de história.

A única realidade é o arquétipo[5], sombras errantes shakespearianas encenando no teatro da mente. Ser autor de nós mesmos é a única forma de ser mais do que acreditamos ser; é transcender o ego para atingir o *self* (arquétipo divino). Deus existe nas coisas infinitas, portanto Ele deve testemunhar, Ele é a testemunha. Ele é o espelho em que se reflete a nossa própria imagem. São Paulo, ao celebrar sua liberdade de espírito disse: "Nós temos a mente de Deus". Osho também tentou nos ensinar:

> Testemunhe que você não é o seu corpo.
> Testemunhe que você não é a mente.
> Testemunhe que você é apenas a testemunha.[6]

O cérebro é impermanente e irreal. Tudo o que for perecível é irreal. Não somos o nosso cérebro. Somos imagens interligadas e interdependentes de outras imagens. O que captamos por meio das sondas sensoriais é transformado em aprendizado. Dessa maneira, participamos do mundo e

---

[5] ELIADE, Mircea, 1992.

[6] OSHO, 2005, p. 64

somos o mundo ao mesmo tempo. É um engano pensar que somos o centro dele. Todas as peças do jogo cósmico têm sua relevância, por isso é preciso organizar, dar coerência, inventar histórias.

A participação no jogo cósmico é dependente de uma mente criativa. Nela há miríade de trilhas nas quais abismos e paisagens formam paradoxos. Viver é intrigante por constituir-se em paradoxos. Viver é estar no vazio que compõe a forma. O vazio é real e irredutível. Tudo surge nele, porque tudo nasce de uma idéia (imagem).

Compreender é inventar. O significado da vida está na peregrinação, nas trilhas infinitas. A renovação do aprendido é o que nos faz ser melhores e mais maduros. É possível crer, porém compreender[7] é um risco. Compreender é controlar, julgar, finalizar. Desabilitar a razão também pode ser uma solução aos problemas produzidos por nós mesmos. Por isso, a religião se coaduna com a ciência em todos os sentidos. Na fé, o simples se abre ao maravilhamento, e não é preciso compreender, pois a sabedoria já foi tocada. O numinoso surge na experiência, nunca na compreensão.

Os sentidos podem nos escravizar, entretanto podemos optar em sermos escravos deles ou não. Se o corpo é o ponto de referência, ele é um marco situacional. Não podemos ir além dele a não ser pela mente ilimitada. Ela atravessa montanhas, rios e oceanos, transporta idéias, elabora significado, constrói história, cria a ética, produz estética e vive dualidade.

Se tudo se constrói na tela mental, somos tintas, imagens, luzes, ondas, sombras, átomos, estrelas, partículas, e estamos sozinhos em nós mesmos. Haroldo de Campos escreve em seu texto inacabado:

> ...enfim estou a sós nada conta senão esta minha gana de cobrir este papel como se cobre um corpo e estou só e solto nato e morto nulo e outro...

Criativamente nos mantemos na busca do significado. Sem ele, não saberíamos quem somos, não teríamos motivos para viver. A mente é um cenário virtual cujo significado é obtido pela reflexão. As sensações corporais formam o

[7] A palavra compreensão vem do latin *comprehendere* (com = completamente + prehendere = segurar, prender, agarrar).

script da história, fornecem-nos o conhecimento. Entretanto, as dúvidas perseveram, pois esgotar o conhecimento é atingir o equilíbrio, é atingir o fim do ciclo.

Nascemos para compor os traços de nossa evolução. Como uma história só se escreve pela relação, somos seres relacionais, irredutíveis e criativos. A mente pressupõe relacionamento. Todo arranjo se dá pela junção de pequenos fragmentos sensíveis. Portanto, para se descobrir o significado da vida, é necessário o caminho de volta, a re-volta para o "*si-mesmo*". Ao existir (sair de si), somos convidados a distanciarmos de nós. Toda jornada se faz por ritmos de ida e volta. É no espaço intersticial que encontramos o outro; porém o outro é trazido para dentro de nós mesmos por meio das imagens mentais. Nada está lá, tudo está onde sempre estivemos.

Tempo e espaço são idéias somente. Nelas são agrupadas imagens que procuramos conceituar. A vida precisa ter sentido, direção, rumo. Porém, a certeza está naquilo que acreditamos, ou seja, é a nossa crença que nos faz ser quem somos. Somos escritores de nosso próprio enredo. Não é necessário ir além de mim mesmo para saber quem sou. O fato de existir pode me fazer distanciar de minha própria essência. Todos nós estamos sujeitos a nos perdermos na existência.

Viver, no entanto, é montar histórias coerentes. Viver é montar blocos de acontecimentos, como eu fazia ao brincar de Hering-Rasti. Desmontar e remontar histórias é jogo cotidiano. Somos fascinados por isso. Se elas existem de fato, isso é apenas um mero detalhe.

A realidade nos dá a ilusão, como também nos permite a fascinação pela experiência. O corpo se torna a nossa principal janela para assistir ao mundo, buscar estrelas e contemplar o ciclo da Lua. Tudo existirá enquanto pudermos produzir imagens. Nada estará distante enquanto a mente se mantiver como fornalha de criação. É nela que os sóis são feitos, a Lua é maquiada, as lembranças são constituídas.

Ao vacilar, somos direcionados adiante. No desequilíbrio, criamos imagens e as desenhamos em nossa história. Se elas tiverem alguma coerência, dizemos que elas são reais, verdadeiras. Senão, buscaremos outros sentidos. O corpo se expande e corre atrás da coerência. Porventura, se ainda não nos satisfazemos com o que temos, é por que faltam linhas e traços a serem marcados em nosso enredo. Queremos ser os heróis, desbravadores impávidos, com a finalidade de sermos trazidos para perto e amados. O amor é expansivo, gera movimento em direção ao outro. Amar é um ato de compartilhar o ínfimo de uma passagem.

Talvez um dia teremos a resposta que tanto procuramos. E quem sabe descobriremos que o morrer e o viver são somente sonhar e peregrinar na senda do Grande Mistério.

Referências

ACKERMAN, Diane. *Uma história natural dos sentidos.* Rio de Janeiro: Bertrand Brasil, 1992.

BATTRO, Antonio M. *Half a brain is enough: the story of Nico.* Cambridge: University Press, 2000.

BOADELLA, David. *Correntes da vida.* São Paulo: Summus, 1992.

BOFF, Leonardo. *Do iceberg à arca de Noé: o nascimento de uma ética planetária.* 2. ed. Rio de Janeiro: Garamond, 2002.

BOHM, David. *A totalidade e a ordem implicada.* 2. ed. São Paulo: Cultrix, 1998.

BOURRE, Jean-Paul. *Princípios de vida: tradição indígena norte-americana.* Rio de Janeiro: Record/Nova Era, 2005.

BUBER, Martin. *Eu e tu.* 2. ed. São Paulo: Moraes, 1979.

CAMAZINE, Scott et al. *Self-organization in biological systems.* Princeton: Princeton University Press, 2003.

CAMPBELL, Joseph. *O poder do mito.* 18. ed. São Paulo: Palas Athena, 2000.

CAPRA, Fritjof. *A teia da vida.* 2. ed. São Paulo: Cultrix, 1997.

CAPRA, Fritjof. *Sabedoria incomum.* 6. ed. São Paulo: Cultrix, 1995.

CAPRA, Fritjof. *O ponto de mutação.* 16. ed. São Paulo: Cultrix, 1994.

CARLSON, Richard; SHIELD, Benjamin. *Curar, curar-se.* 2. ed. São Paulo: Cultrix, 1994.

CARROL, Lewis. *Alice: edição comentada.* Rio de Janeiro: Jorge Zahar, 2002.

CASTANEDA, Carlos. *A erva do diabo.* 28. ed. Rio de janeiro: Nova Era, 2000.

CHURCHLAND, Paul M. *Matéria e consciência.* São Paulo: UNESP, 2004.

COMTE-SPONVILLE, André. *Dicionário filosófico.* São Paulo: Martins Fontes, 2003.

COMTE-SPONVILLE, André. *O ser-tempo.* São Paulo: Martins Fontes, 2000.

COMTE-SPONVILLE, André. *Viver*. São Paulo: Martins Fontes, 2000.

DAHLKE, Rüdiger. *Mandalas: formas que representam a harmonia do cosmos e a energia divina*. 4. ed. São Paulo: Pensamento.

DAMÁSIO, António. *Em busca de Espinosa: prazer e dor na ciência dos sentimentos*. São Paulo: Companhia das Letras, 2004.

DAMÁSIO, António. *O mistério da consciência*. São Paulo: Companhia das letras, 2000.

DAMÁSIO, António. *O erro de Descartes: emoção, razão e o cérebro humano*. São Paulo: Companhia das letras, 1996.

DAVICH, Victor N. *O melhor guia para a meditação*. São Paulo: Pensamento, 2002.

DESCARTES, René. *As paixões da alma*. São Paulo: Martins Fontes, 1998.

DETHLEFSEN, Thorwald. *O desafio do destino*. São Paulo: Pensamento, 1989.

DETHLEFSEN, Thorwald; DAHLKE, Rüdiger. *A doença como caminho*. 2. ed. São Paulo: Cultrix, 1994.

ELIADE, Mircea. *Mito do eterno retorno*. Sao Paulo: Mercuryo, 1992.

ELIADE, Mircea. *Yoga: imortalidade e liberdade*. 3. ed. Sao Paulo: Palas Athena, 2004.

GLYNN, Ian. *An anatomy of thought*. New York: Oxford University Press, 1999.

GOLDBERG, Elkhonon. *O cérebro executivo*. Rio de Janeiro: Imago, 2002.

HORGAN, John. *A mente desconhecida*. São Paulo: Companhia das Letras, 2002.

HORGAN, John. *O fim da ciência*. São Paulo: Companhia das Letras, 1998.

ILLING, Robert-Benjamin. "Das trepanações à inteligência artificial". *Viver: Mente&Cérebro*. São Paulo, ano XIII, n. 140, set. 2004, p. 82-91.

JUNG, Carl G. *Memórias, sonhos, reflexões*. Rio de Janeiro: Nova Fronteira, 1992.

KANDEL, Eric R. et al. *Fundamentos da neurociência e do comportamento*. Rio de Janeiro: Guanabara Koogan, 2000.

KOLB, Bryan e WHISHAW, Ian Q. *Neurociência do comportamento*. São Paulo: Manole, 2002.

LAO-TZU. *Tao-Te King*. 10. ed. São Paulo: Pensamento, 2002.

LEDOUX, Joseph. *Synaptic self: how our brains become who we are*. New York: Penguin Books, 2003.

LELOUP, Jean-Yves. *O evangelho de Tomé*. 8. ed. Petrópolis: Vozes, 2004.

LELOUP, Jean-Yves. *Terapeutas do deserto*. 8. ed. Petrópolis: Vozes, 2004.

LELOUP, Jean-Yves. et al. *O espírito na saúde*. 3. ed. Petrópolis: Vozes, 1997.

LUNDY-EKMAN, Laurie. *Neurociência: fundamentos para a reabilitação*. Rio de Janeiro: Guanabara Koogan, 2000.

MARGULIS, Lynn; SAGAN, Dorion. *O que é vida?* Rio de Janeiro: Jorge Zahar, 2002.

MARÍAS, Julián. *Historia da filosofia*. São Paulo: Martins Fontes, 2004.

MELZACK, Ronald. "Pain: Past, Present and Future". *Canadian Journal of Experimental Psychology*. 47: 4, 1993, p. 615-629.

MINDELL, Arnold. *Quantum Mind: the edge between physics and psychology*. Portland: Lao Tse Press, 2000.

MIRANDA, Evaristo Eduardo. *Corpo: território do sagrado.* São Paulo: Loyola, 2000.

MONTEIRO, Pedro Paulo.*Envelhecer: histórias, encontros e transformações*. 3. ed. Belo Horizonte, Autêntica, 2005.

NAGEL, Thomas. *Visão a partir de lugar nenhum*. São Paulo: Martins Fontes, 2004.

NEEDLEMAN, Jacob. *O tempo e a alma*. Rio de Janeiro: Ediouro, 1999.

OSHO. *O Deus que nunca existiu*. São Paulo: Ediouro, 2005.

PARENTE, André. "Os paradoxos da imagem-máquina". In: *Imagem máquina*. 3. ed. Organizado por André Parente. São Paulo: Editora 34, 1999.

PAUL, Patrick. *Os diferentes níveis de realidade*. 2. ed. São Paulo: Polar Editorial, 1998.

PENROSE, Roger. *O grande, o pequeno e a mente humana*. São Paulo: Unesp, 1998.

PRIGOGINE, Ilya. *Ilya Prigogine: do ser ao devir. "Nomes de deuses" – entrevistas a Edmond Blattchen*. São Paulo: Unesp, 2002.

RAMACHANDRAN, V.S.; BLAKESLEE, Sandra. *Phantoms in the brain: probing the mysteries of the human mind*. New York: Quill, 1998.

ROSE, Steven. *O cérebro consciente*. São Paulo: Alfa-Omega, 1984.

SAINT-EXUPÉRY, Antoine de. *O pequeno príncipe*. 23. ed. Rio de Janeiro: Agir, 1981.

SAMS, Jamie. *As cartas do caminho sagrado*. 4. ed. Rio de janeiro: Rocco, 1998.

SANTO AGOSTINHO. *Vida e obra*. São Paulo: Nova Cultural, 2000.

SCHÜLER, Donaldo. *Heráclito e seu (dis)curso*. Porto Alegre: Ed. L&PM, 2000.

SEARLE, John R. *A redescoberta da mente*. São Paulo: Martins Fontes, 1997.

SINGER, Peter. *Vida ética*. Rio de Janeiro: Ediouro, 2002.

SKOLIMOWSKI, Henryk. *O teatro da mente: uma filosofia do cosmo e da vida*. Brasília: Editora Teosófica, 1995.

SONTAG, Susan. *Sobre fotografia*. São Paulo: Companhia das Letras, 2004.

SOUZENELLE, Annick. *O simbolismo do corpo humano*. 3. ed. São Paulo: Pensamento, 1994.

TARNAS, Richard. *A epopéia do pensamento ocidental*. 6. ed. Rio de Janeiro: Bertrand, 2002.

WALKER, Evan Harris. *The physics of consciousness*. Cambridge: Perseus Publishing, 2000.

WILBER, Ken. *A união da alma e dos sentidos*. São Paulo: Cultrix, 2001.

WILSON, Edward O. *A unidade do conhecimento*. Rio de Janeiro: Campus, 1999.

XINGJIAN, Gao. *A montanha da alma*. Rio de janeiro: Objetiva, 2001.

YOGANANDA, Paramahansa. *O vinho do místico*. Self-Realization Fellowship,1998.

ZIMMER, Carl. *A fantástica história do cérebro*. Rio de Janeiro: Campus, 2004.

Qualquer livro do nosso catálogo não
encontrado nas livrarias pode ser pedido
por carta, fax, telefone ou pela Internet.

Gutenberg/Autêntica Editora

Rua Aimorés, 981 8º andar – Funcionários

Belo Horizonte-MG – CEP: 30140-071

Telefone: (31) 3222 6819

Fax: (31) 3224 6087

e-mail: vendas@autenticaeditora.com.br

Para entrar em contato com o autor:

www.pedropaulomonteiro.com
pedro@pedropaulomonteiro.com

Este livro foi composto em tipologia Minion Condensed 12/16
e impresso em Pólen Soft 80 g. na Formato Artes Gráficas.
Belo Horizonte, agosto de 2006.